UN PARISIEN À TRAVERS PARIS

Philippe Meyer

Un Parisien à travers Paris

Robert Laffont
DOCUMENTO

ISBN 978-2-221-13680-5

À Françoise Marsang

« La seule ville qui soit aussi un monde »

> « *Le Vieux :* Ce lieu s'appelait, je crois, Paris. *La Vieille :* Ça n'a jamais existé, Paris, mon petit. *Le Vieux :* Cette ville a existé, puisqu'elle s'est effondrée. C'était la ville de lumière, puisqu'elle s'est éteinte depuis... quatre cent mille ans... Il n'en reste plus rien, aujourd'hui. Sauf une chanson. *La Vieille :* Une vraie chanson ? C'est drôle ! Quelle chanson ? *Le Vieux :* Une berceuse, une allégorie : *Paris sera toujours Paris...* »
>
> Eugène Ionesco, *Les Chaises*

C'est ici, lecteur, un livre « à sauts et à gambades ». Rien d'autre qu'un assemblage de tableaux et de croquis rapportés de ses promenades par un amoureux de Paris qui après et comme tant d'autres a trouvé dans cette ville et grâce à elle l'énergie et les moyens de la liberté, les promesses de la diversité, les surprises des rencontres, la hardiesse des générations précédentes, les énigmes de la beauté. « C'est à Paris que les ambitions, les préjugés et les tyrannies des provinces viennent se perdre et s'anéantir, écrivait Bernardin de Saint-Pierre. Là, il est permis de vivre obscur et libre. Là, il est permis d'être pauvre sans être méprisé. L'homme affligé y est distrait par la gaieté publique et le faible s'y sent fortifié des forces de la multitude. »

La province de mon enfance n'était qu'une banlieue et ses tyrannies me semblaient plus terribles qu'elles ne l'étaient réellement, mais Paris, j'en étais sûr, était la condition sans laquelle aucun de mes projets ne pourrait être mené à bien. Je suis donc devenu parisien dès que j'en ai eu l'âge. J'ai habité les arrondissements les plus dissemblables. Si on les arpente sans idée préconçue, la curiosité s'y nourrit constamment de ce qu'elle découvre : c'est sa récompense que de n'en avoir jamais fini avec Paris. Un lieu y répond à un autre, le complète, le contredit ou le questionne. Le présent le plus neuf y renvoie à quelque épisode du passé qui l'éclaire, en augmente la saveur, en élargit la compréhension.

J'en ai d'abord fait l'expérience pour moi-même, puis pour quantité d'étudiants à qui j'ai eu le bonheur de faire découvrir « ma » ville, même quand c'était la leur. Si quelqu'un s'étonnait, en bien ou en mal, qu'un établissement comme Sciences-Po encourage l'un de ses enseignants à tenir son séminaire dans les rues et sur les places plutôt que dans un amphithéâtre, je lui rappelais le souvenir de Louis Chevalier. Le Collège de France avait confié à cet ardent savant à peine âgé de quarante ans la chaire intitulée « Histoire et structures sociales de Paris ». Il en emmenait les étudiants dans les bars corses de Montmartre où les souteneurs lui montraient de la considération. Avaient-ils lu son *Montmartre du plaisir et du crime*[1] ?

Il y a dans Paris des endroits où chacun de nous est passé des centaines ou des milliers de fois et dont le charme conserve la même fraîcheur et continue de nous émerveiller, quelle que soit la saison, quelle que soit la lumière, quelle que soit notre humeur. Certains sont offerts à tout le monde : la traversée du pont des Arts, le coude du canal Saint-Martin juste après le square Villemin, quand on va vers la République, la descente vers la place des Abbesses depuis le cimetière Saint-Vincent, la plongée dans l'entrelacs des rues derrière l'église Saint-Paul, la remontée vers l'Estrapade depuis la Mouffe, la pointe est de l'île Saint-Louis... D'autres demandent un peu plus d'initiative et vous laissent l'illusion que vous les avez mérités, qu'ils vous appartiennent un peu.

À la vie telle qu'elle grouille aujourd'hui s'ajoute pour moi celle que fait revivre la chanson, pour qui Paris est un personnage inépuisable. C'est la cité la plus chansonnée au monde, aujourd'hui autant que jamais. La chanson y a conspué les mœurs de Mazarin et le papier-monnaie du système

1. Robert Laffont, 1980.

de Law, les turpitudes de la Pompadour, les horreurs de la Commune, mais elle a aussi bien dépeint les métiers et les cris de la ville, le destin des filles éblouies par la capitale, les derniers plaisirs des vieux, la mythologie d'un quartier, d'une avenue, d'une place, l'hospitalité d'un bistrot. Elle a remonté et redescendu la Seine ; elle lui a prêté toutes les vertus, tous les vices et toutes les indifférences. Elle n'a cessé de rappeler que le revers de l'indépendance dont jouit le Parisien a pour nom l'indifférence, dont je donne dans ce livre un exemple que l'on croirait sorti de l'époque de Balzac.

Sans la chanson, nous n'aurions pour Paris qu'un attachement atrophié et nous ne le connaîtrions que superficiellement. Nous ne saurions pas à quel point l'héritage que porte cette ville est fait de liberté, de sang neuf venu de toutes les provinces et du reste du monde, d'esprit frondeur, de certitude qu'à Paris, chacun peut trouver sa chance. J'ai exposé dans un précédent livre pourquoi je m'inquiétais de voir tant de quartiers de Paris – et même toute la ville – devenir un décor, s'embourgeoiser, se muséifier, marcher vers le destin touristifié de Venise[1]. Une dizaine d'années plus tard, je ne m'attarderai pas sur l'accélération et l'exagération de cette évolution. Paris a connu d'autres périodes de pauvreté

1. *Paris la Grande*, Flammarion, 1997 ; Folio, 1999.

urbaine, intellectuelle, artistique et politique. Sans doute de pires.

Raison de plus pour reprendre la plume : amour, tendresse, colère, moquerie, reconnaissance, rien n'entretient mieux les sentiments que d'écrire. C'est du moins l'espoir de l'auteur de ces tableaux.

Dromo-monomanes et voracitoyens

« Le mieux est de les peindre, tout bonnement, ces choses qui vous exaspèrent. – Disséquer est une vengeance. »
Flaubert, *Lettre à George Sand*,
16 décembre 1867

Circuler dans Paris est une chose aussi aisée qu'agréable. C'est avant tout se déplacer dans l'une des plus petites capitales du monde, et donc passer en un rien de temps d'un paysage à un autre, d'un décor à un autre, d'un relief à un autre. Rencontrer le canal Saint-Martin juste derrière l'orthogonale et militaire place de la République, les ruelles de Saint-Blaise et l'église campagnarde de Saint-Germain-de-Charonne à une portée de fusil du grouillant boulevard Davout, le village d'Auteuil à quelques encablures de la voie Georges-Pompidou naissante, la paix du square René-Le Gall entre trois boulevards pétaradants et à deux tours de roues de la fourmillante place d'Italie. Les cyclistes savent à quel point Paris est une ville de faux plats et de vraies montées, ce que coûte l'ascension de Montmartre par l'avenue Junot, la conquête de la Butte-aux-Cailles par la rue de l'Espérance, l'escalade de Belleville jusqu'à Notre-Dame-des-Otages, la grimpée de la rue de Courcelles jusqu'au square des Batignolles. Les automobilistes et les deux-roues n'éprouvent pas cette peine, mais les mêmes surprises et les mêmes bonheurs leur sont offerts et, bien qu'ils les méritent moins, ils peuvent en attendre autant de jouissances. Il n'y faut qu'un peu d'appétit. Car, j'y insiste, circuler dans Paris est une chose aussi aisée qu'agréable. Il n'y faut qu'un peu de précautions.

La première consiste à choisir son jour. D'expérience, je recommande le 25 décembre (entre 5 heures du matin et l'heure du déjeuner), le 1er janvier (à peu près dans le même intervalle), le 15 août toute la journée (sauf dans les 1er, 3e, et 4e arrondissements, pour cause de Paris Plages, et dans les arrondissements que l'on doit traverser pour arriver jusqu'à cette zone de loisirs et qui ne sont guère que cinq ou six). On pourra également adopter le dimanche et le lundi de Pâques, le lundi de Pentecôte et le jeudi de l'Ascension, les matinées des jours fériés de mai (le jour se lève à 4 h 35, mais c'est à l'heure solaire. L'heure administrative permet de ne se mettre en route que deux heures plus tard). La Toussaint et le 11 Novembre sont des dates à ne pas négliger, même si les journées sont courtes et souvent grises.

Pendant l'année, les samedis et les dimanches matin sont des moments parfaits pour se déplacer dans la capitale, à la simple condition de le faire avant 11 heures – sauf les samedis et les dimanches qui précèdent les fêtes de fin d'année, où l'on prendra l'habitude de rester chez soi et de commander ses cadeaux par internet en veillant à ce qu'ils soient livrés à domicile. Tout le reste de l'année, on sera avisé, si l'on veut profiter de son trajet à travers la capitale, de l'effectuer aux premières heures, sauf pendant les mois où le jour ne se lève pas avant 8 heures.

Ces précautions sont d'une observance simple. Toutefois, il ne serait pas réaliste d'espérer que la vie ne nous oblige jamais à circuler à d'autres dates ou à d'autres heures que celles dont je viens de faire l'inventaire. Pour ces circonstances – hélas nombreuses –, on tâchera de se résigner aux menues imperfections du comportement de l'humanité telles qu'elles se manifestent lorsqu'elle circule. Il n'y a guère à craindre, et, pour peu que l'on prenne garde aux piétons, aux cyclistes, aux deux-roues à moteur, aux voitures, aux camionnettes, aux camions, aux autobus, aux voitures de police, aux ambulances et aux taxis, on pourra raisonnablement espérer atteindre sa destination dans l'état physique dans lequel on a quitté son point de départ. Il en ira sans doute différemment de son état moral : il sortira inévitablement altéré d'une épreuve de cette nature.

Pour éviter que cette altération ne soit trop

grave, on s'y préparera mentalement. Il convient de se persuader en effet que si, à l'issue de la plupart des traumatismes, il est devenu habituel de proposer à ceux qui les ont subis l'assistance d'une cellule psychologique, la circulation dans Paris nécessite qu'un tel soutien soit préliminaire au choc – ce qui n'exclut pas son utilité après son dénouement. Il n'y faut qu'un peu d'information sur le milieu humain que l'on va affronter et sur les comportements les plus fréquents auxquels il va falloir trouver la réponse appropriée.

Une erreur à ne pas commettre – elle est fréquente – serait de ne pas se défier de ceux qui se déplacent par le même moyen que soi. Si l'homme est un loup pour l'homme, le cycliste est une hyène pour le cycliste, le deux-roues un mandrill (ou singe bagarreur) pour le deux-roues, l'automobiliste un chacal pour l'automobiliste, et le piéton lui-même est devenu un chien pour le piéton.

On voit par là que l'urbanité peut difficilement passer pour la qualité des citadins de Paris, en tout cas lorsqu'ils se déplacent.

***

L'automobiliste parisien a longtemps été le roi des animaux. Le reste de la ville se soumettait à sa prééminence et reconnaissait sans trop barguigner les droits écrits ou coutumiers de son véhicule, qu'il se meuve ou qu'il soit à l'arrêt. Toute tentative de lui fixer une limite provoquait une levée de boucliers des élus, des industriels de l'automobile et de la presse.

En avril 1968, Maurice Grimaud, préfet de police de Paris, provoqua une tempête de protestations en prétendant rendre le stationnement payant dans la capitale et mettre un terme à ce qu'il appelait avec d'autres, dont Alfred Sauvy, l'« accaparement d'un bien public, l'espace urbain, par des usagers privés ». L'édification des voies sur berge terminée en 1967, l'inauguration du périphérique en 1973 (bien qu'elles aient été accompagnées de célébrations des transports en commun et d'appels à la limitation du déplacement individuel en voiture), les déclarations – quelque peu sorties de leur contexte – de Georges Pompidou sur la nécessité d'« adapter la ville à l'automobile » : autant de réalités qui achevèrent de persuader l'automobiliste qu'il méritait toutes les attentions. On lui promettait même un axe rapide nord-sud – pour lequel on aurait recouvert le canal Saint-Martin – et une voie express Rive gauche aussi étendue que celle de la Rive droite[1].

1. Il y eut même un cabinet d'architectes-urbanistes pour proposer un superpériphérique à péage, construit au-dessus de celui de 1973 et flanqué de tours destinées à la création de logements, de bureaux et de un million de places de parking. Une partie de la presse salua cette audace, tandis qu'une autre y voyait une admirable prouesse d'ingénieurs. Cf. *Paris et l'automobile*, ouvrage excellemment documenté de Mathieu Flonneau (Hachette Littératures, 2005).

C'est la perspective de voir réaliser ces projets et la menace d'autres transformations de la même farine, qui provoquèrent, dans une ville traumatisée par la destruction des halles de Baltard, une mobilisation assez efficace pour conduire les élus à renoncer aux voies express rive gauche et nord-sud et qui marqua le commencement du déclin de la royauté de l'automobiliste. Il me semble difficile de comprendre le comportement des conducteurs de voiture d'aujourd'hui sans faire l'hypothèse qu'il reste au fond du cerveau reptilien de chacun une trace mnésique de la période où il fut roi, et ceci quel que soit son âge.

Depuis le début du siècle, la tendance s'est si bien inversée que l'automobiliste parisien vit désormais en semi-liberté conditionnelle. C'est d'ailleurs improprement qu'il est appelé « parisien » puisque près de 60 % des habitants de la capitale ne possèdent pas de voiture. On traverse Paris ou l'on vient y travailler au volant faute d'autre solution. L'indigène, le résident, ne prend une auto que pour transporter sa vieille mère podagre, son enfant en bas âge, ou sa nombreuse famille. Ou pour trimballer un matériel encombrant nécessaire à l'exercice de son métier.

Un édile vert a vanté aux uns comme aux autres la supériorité écologique, citoyenne, solidaire et médicale de l'usage du vélocipède. Cette prescription, pour fondée qu'elle soit, s'est heurtée aux conservatismes et au peu d'audace des habitants :

la vieille mère podagre refuse de voyager à califourchon sur le porte-bagages du vélo de son fils, la jeune mère – prompte à dramatiser – évoque les inconvénients pour sa progéniture en bas âge de respirer les gaz d'échappement des autobus et les risques consécutifs à une chute provoquée par une voiture, un deux-roues à moteur, un cycliste ou un piéton, le petit entrepreneur, enfin, prétend ne pas pouvoir aisément transporter à bicyclette tout le fourniment indispensable à l'exercice de son métier de maçon, de plombier ou de carreleur, alors que l'on voit dans les cirques et à la télévision de vigoureux athlètes monter au nombre de dix-sept sur un vélo ordinaire, le dix-septième ne craignant pas de pratiquer en haut de la pyramide des exercices de jonglerie extrêmement délicats. Provisoirement résigné à la mauvaise volonté des masses, l'édile vert, en stratège accompli, s'est employé à décourager la circulation automobile par mille ruses délicieuses, généralement présentées comme un plan en faveur des transports en commun, selon une opération langagière que George Orwell avait baptisée « novlangue » et qui aboutit, par exemple, à ce que l'on ne parle plus de « mesures de licenciement » mais de « plan social d'entreprise », voire de « plan de sauve garde de l'emploi ». Des esprits chagrins – Dieu sait s'il s'en trouve à Paris – ont grommelé que la mise en œuvre de ce dessein avait manqué au principe de la concertation. Je suis en mesure de leur apporter le plus formel démenti.

Pris à témoin par une fruitière qui avait ma pratique de longue date sur les conséquences négatives que l'étrécissement de sa rue allait avoir sur son commerce, je ne pus que constater que ses sombres prévisions ne manquaient pas de raison avec et sans « s ». Soucieux de l'avenir de son magasin où je trouvais les carottes les plus sucrées et les fraises les plus goûteuses, je l'encourageai à aller faire valoir son analyse à la mairie, lui suggérant que les dés n'étaient peut-être pas jetés. « Oh non, monsieur, me répondit-elle, c'est fichu : on a été concerté. » Elle a, depuis, vendu sa boutique.

Désormais voué à se mouvoir dans un espace réduit, l'automobiliste est – et se sait être – pour l'opinion comme pour les édiles l'objet d'un opprobre dont il partage le plus souvent les considérations lorsqu'il est rendu à la qualité de piéton. Il porte le poids des responsabilités de la pollution et du bruit, il est suspect d'égoïsme et – reproche plus terrible encore que tous les autres – d'inadaptation à la modernité. Lorsqu'il ne prend sa voiture que faute de pouvoir faire autrement, l'automobiliste supporte mal cette flétrissure. Il la juge démesurée et injuste. C'est peut-être ce sentiment qui ajoute à son énervement naturel. Aussi ne montre-t-il pour les feux de circulation qu'un respect relatif, voire pas de respect du tout aux heures où la probabilité d'une présence policière est faible ou nulle. Le reste du temps, l'automobiliste conduit une main sur le volant et l'autre sur le klaxon, si elle n'est pas occupée à tenir son téléphone portable.

Quoique l'usage de l'« avertisseur sonore » soit absolument prohibé à Paris, ainsi que dans toutes les agglomérations, la préfecture de Police indique n'avoir dressé que cinq cent quarante-neuf procès-verbaux pour cette infraction au cours de l'année 2007 sur un total de près de quatre millions neuf cent mille pour non-respect des règles de stationnement. Cinq cent quarante-neuf coups de klaxon doivent pouvoir être entendus en une demi-journée de circulation à l'angle du boulevard de Belleville et de la rue du même nom, ou au croisement du boulevard Saint-Marcel et de celui de l'Hôpital. Une observation non-scientifique mais assidue montre que, dans neuf cas sur dix, il suffirait au conducteur impatient ou inquiet de se manifester par un simple appel de phares. Mais ce moyen n'est pas assez impétueux pour satisfaire celui à qui l'usage du klaxon permet d'ajouter la touche d'animosité qui exprime ce qu'il ressent. (La police lui en donne l'exemple, elle dont les véhicules sillonnent Paris plus qu'aucune autre ville comparable en faisant hurler leur sirène de nuit comme de jour, sans que l'on sache quelle émeute, quel massacre ou quelle tentative de révolution justifie cette précipitation sonore et agressive.)

L'automobiliste parisien conduit et se conduit comme s'il éprouvait une constante irritation à devoir partager la voie publique avec ses semblables. Les difficultés de stationnement lui sont un motif supplémentaire d'exaspération, que la sévérité de la police tisonne en permanence. On a vu la fourrière procéder à des enlèvements le 15 Août et des contractuelles déposer des contraventions sous l'essuie-glace de voitures garées sur des aires de livraison après 19 heures. Le simple arrêt de quelques minutes, signaux de détresse clignotants allumés, n'est guère mieux toléré, en dépit des arrêts de la Cour de cassation qui les légitiment.

D'innombrables exemples de ce rigorisme vachard circulent sur le net. Ils vont de la mésaventure d'un commerçant épinglé par une patrouille à 4 heures du matin pour avoir laissé sa camionnette en double file le temps de la charger à celle du père dévoué dont le véhicule est resté quelques minutes sur une place interdite pendant qu'il allait chercher sa marmaille. L'automatisation du système d'amendes rend de plus en plus impossible l'exercice par la police de sa capacité d'appréciation du caractère particulier et des circonstances atténuantes d'un manquement aux règles. Les consignes données à ses agents de faire du chiffre, quelquefois accompagnées de quotas minimaux d'infractions à verbaliser, ne permettent de prévoir aucune relâche de la tension qui marque les rapports de l'automobiliste avec son environnement. L'installation de radars dans certains endroits où leur présence est incompréhensible n'est pas pour atténuer le pessimisme de cette prévision.

Aussi n'est-on pas étonné de constater que, dès qu'il estime avoir une chance d'échapper à la répression, l'automobiliste se soucie comme d'une guigne des règles du code comme de celles que la raison, le savoir-vivre ou une juste appréciation de son intérêt pourraient lui imposer.

Cela donne une circulation énervée et fébrile dont les modes sont imprévisibles. C'est d'ailleurs là son principal défaut. Celui qui a conduit dans des villes aussi différentes que Rome, Le Caire, Bogotá ou Londres sait qu'il ne lui faut que quelques heures pour s'adapter aux mœurs locales et qu'une fois qu'il les aura comprises, il saura comment se comporter et surtout quel comportement attendre des autres.

Le Londonien ne se départit pas de son civisme lorsqu'il est au volant. Il ne considère pas que la priorité dont jouissent ceux qui arrivent par sa gauche est un droit et non un privilège éhonté acquis à ses dépens. Il ignore l'usage du klaxon et prend le temps de remercier ceux qui lui cèdent le passage. Le Cairote va comme si sa voiture n'avait plus de freins et si tout espace libre, même à contresens, pouvait être bon à utiliser. Son avertisseur sonore ne connaît que de rares moments d'inutilisation et, d'ailleurs, il considérerait comme inamical et dangereux un conducteur qui n'en userait pas pour le prévenir de sa présence et de ses intentions. Le Romain se conforme à deux codes de la route : l'officiel et le logique. Il fait la différence entre ce qu'il appelle un feu rouge « complet » et un feu rouge « relatif ». Le premier est allumé à un carrefour dangereux, sans visibilité et (ou) très fréquenté ; il impose le respect. Le second fonctionne à une heure où la circulation est faible, ou à une intersection où la visibilité est maximale ; il n'est là que pour mémoire et laisse au conducteur toute sa liberté d'appréciation de la situation. Comme l'écrit le journaliste Beppe Severgnini[1], « rouge est une formule bureaucratique, complet notre contribution personnelle ». La conduite de l'automobiliste à Bogotá tient de celle du Cairote et de celle du Romain, avec, parfois, la menace d'un pistolet en plus. (Je l'ai expérimentée, sans avoir le temps de vérifier s'il ne s'agissait pas plutôt d'un revolver.) Sans oublier la nécessité de prendre garde à une fourmilière de *collectivos* en compétition pour quelque mystérieux trophée.

Celui qui, à Londres, ne le céderait pas devant un véhicule qui a moins de droits que lui mais dont le passage rendra la circulation plus aisée, celui qui, à Rome, s'arrêtera à un feu rouge relatif sans même faire mine d'évaluer les possibilités de poursuivre sa route, celui qui, au Caire, préférera le frein au klaxon, ceux-là peuvent être tenus pour

1. Beppe Severgnini, *Comment peut-on être italien ?*, Flammarion, 2007.

des conducteurs dangereux puisqu'ils rompent la chaîne des comportements prévisibles, des réactions auxquelles chacun doit s'attendre. Car la base de la sécurité routière et même de l'agrément de la circulation n'est pas et ne peut pas être seulement le code. C'est aussi la possibilité pour les automobilistes, les deux-roues à moteur, les cyclistes et les piétons d'anticiper les comportements d'autrui.

C'est cette capacité qui fait défaut à Paris, où rien n'est sûr, pas même le pire. L'automobiliste s'y comporte en cyclothymique, tantôt furibond, tantôt prostré, un temps prêt à déboiter incessamment pour gagner un mètre ou deux, un autre temps ahuri par l'adversité et ne klaxonnant que pour se persuader lui-même qu'il n'est pas mort. C'est peut-être pourquoi de plus en plus de personnes choisissent de circuler par d'autres moyens. En dépit des objurgations des édiles, c'est rarement par celui des transports en commun.

*
* *

De tous les moyens de transport, en effet, celui dont le nombre d'usagers s'est le plus spectaculairement accru dans les premières années du millénaire est celui des deux-roues à moteur. On s'est assez vite habitué à l'apparence guerrière que confèrent à leurs conducteurs les casques dits « intégraux ». Il est plus difficile de s'accommoder de leur mode de conduite que l'on pourrait qualifier de surgissement perpétuel. Il est vain d'espérer qu'un deux-roues suive une trajectoire linéaire, régulière, ou même prévisible. Le plus court chemin d'un point à un autre est, pour lui, le plus sinueux et même le plus méandrique car, tandis que vous vous déplacez dans l'espace, il se déplace dans le temps. À l'intérieur de chacune de ces deux dimensions règnent des logiques qui sont rarement compatibles.

L'automobiliste, qui se meut dans l'espace, se trouve, la plupart du temps, enchâssé dans sa file. Il lui arrive souvent de vouloir s'en échapper, mais la masse de son véhicule empêche que ce soit par un bond soudain, sauf pour quelques voitures de rallye ou pour certains conducteurs déjantés. Lorsqu'il brûle un feu – ce n'est pas rare –, c'est sans quitter son aire.

Le deux-roues à moteur, qui se déplace dans le temps, est en permanence sur le qui-vive, « *quaerens quem devoret* », comme dit l'Écriture : cherchant qui ou plutôt quel espace dévorer. Il guette, sur sa gauche ou sur sa droite, un interstice dans lequel se glisser. Il passe de la chaussée au couloir de bus, du couloir de bus au trottoir, du trottoir à la chaussée. Il double par bâbord aussi bien que par tribord et son choix ne s'opère qu'au dernier moment. Il peut d'ailleurs revenir sur sa première intention et zigzaguer sur l'asphalte comme un joueur de hockey sur la glace. Il vit dans l'hypothèse que c'est au reste de l'humanité qu'incombe le devoir de lui prêter attention, pour ne pas dire le devoir, de se tenir à carreau. Il exhibe en permanence le privilège de la maniabilité de son engin. Il en tire la conclusion que les lois de la route ne le concernent que s'il le veut bien. Lorsqu'il consent à s'arrêter à un feu – ou lorsqu'il y est contraint –, il se croirait déshonoré de ne pas démarrer avant qu'il ne passe au vert. Si un embouteillage lui oppose sa compacité, il bout. On le voit alors se dresser de toute sa hauteur, pieds au sol, et tourner la tête en tous sens, comme si on venait de l'encager et qu'il ne lui restait qu'une poignée de secondes pour échapper à un emprisonnement à perpétuité. Puisqu'il semble vital pour lui de repérer une issue dans la minute, en général, il la trouve, dût-elle ne lui permettre d'avancer que de quelques dizaines de centimètres. L'immobilité, quelle que soit sa durée, est, pour le deux-roues à moteur, une insupportable condamnation.

Il existe une grande variété d'espèces de deux-roues à moteur. La plus téméraire, et la plus farouche, est composée d'individus mâles qui se déplacent pour des raisons professionnelles. À observer leur façon de parcourir la ville, on peut supposer qu'une partie notable d'entre eux a connu dans sa jeunesse la cour d'assises des mineurs, à moins qu'elle n'ait suivi les entraînements organisés par Al-Qaida ou effectué un stage auprès de l'Armée républicaine irlandaise. Quant à leur taux de testostérone, il ne descend probablement pas en dessous de celui d'un guerrier de Gengis Khan privé depuis plusieurs lunes de nourriture, de femmes et de butin. Ces coursiers, livreurs de pizzas, de sushis ou même de nourriture pour animaux, ces artisans dépanneurs, serruriers, plombiers ou électriciens appelés pour une petite intervention urgente ou encore ces infirmiers ou ces kinésithérapeutes à domicile n'ont pas seulement des dispositions innées et acquises à tourmenter les espaces qu'ils traversent et à en désoler les populations. La plupart sont des employés dont on exige du chiffre, c'est-à-dire le plus grand nombre possible d'interventions en un minimum de temps. Il serait aventuré d'attendre de ces professionnels voués au deux-roues qu'ils se montrent moins intraitables avec autrui que leur employeur avec eux-mêmes. Aussi le piéton, lorsqu'il voit l'un de ces êtres mi-hommes mi-machines escalader le trottoir où il chemine, ne doit-il pas nourrir l'illusion que ce fanfaron de vitesse tiendra compte de sa présence.

Comme d'autre, le Graal, le deux-roues à moteur poursuit sans désemparer l'idéal d'une voie sans obstacles, ou plutôt d'une voie dont il pourrait avaler tous les obstacles, les boire, puisque c'est ce verbe qui, aux premiers temps de l'automobile, servait à vanter en vers les mérites d'une marque de pneumatiques (« Le pneu Michelin boit l'obstacle en chemin »). Ses rêves sont ceux d'un descendeur à ski sur une poudreuse fraîchement damée, ses cauchemars ceux d'un slalomeur sur une neige mouillée et collante. Il conduit à coups de reins. S'il s'engage dans un couloir de bus, c'est en nourrissant pour les vélos autant d'égards qu'en ont les uns pour les autres les clients des soldes à la première heure du premier jour de l'ouverture des magasins. Je propose de baptiser ce mutant « dromomane », puisque *dromos*, en grec, signifie la course et que la manie est ce trouble de l'humeur qui associe la surexcitation, l'exaltation et l'obsession. (« Dromo-monomane » serait sans doute un terme plus scientifique. Mais « dromo-monomane » ou « dromomane », l'époque, peu favorable aux mots de cinq syllabes, en fera vite un « drom' », par une apocope comparable à « assoce » pour « association », « perf' », pour performance, « éval' », pour « évaluation ». Il n'y a pas que les deux-roues qui soient pressés.)

À propos des couloirs réservés aux autobus, aux taxis et, en général, aux vélos, nul n'ignore que la circulation y est interdite aux dromomanes par l'autorité municipale. C'est une prescription aussi respectée que celle qui prohibe l'usage du klaxon. Le drom' se rue vers ces espaces dégagés, quelquefois suivi par tant de ses semblables que c'est contre eux qu'il doit mener son combat. Il le fait sans aucune considération de solidarité et sa course pourrait être alors comparée à celle des spermatozoïdes vers l'ovule qu'un seul parviendra à atteindre. Toutefois, les gamètes mâles sont de consistance nettement moins solide que les deux-roues à moteur et leur choc ne fait que ralentir leur progression et ruiner leurs chances de pénétrer dans l'œuf. La collision de deux ou plusieurs dromomanes a des conséquences plus marquées sur leur morphologie et signifie la fin de leur gymkhana.

Pour redonner un peu de vigueur à l'édit municipal, la police organise fréquemment des embuscades et ses fonctionnaires se postent à l'affût à des endroits où ils sont sûrs de faire un beau tableau. À certains carrefours comme celui d'Arts-et-Métiers, il n'est pas rare de pouvoir observer une douzaine de policiers en tenue de combat (rangers, treillis, blouson) que l'on croit d'abord rassemblés pour arrêter le tueur de l'Est parisien, mais qui n'ont pas d'autre mission que celle de distribuer des amendes. Leur air n'en est pas moins martial et la sécheresse de leur ton, lorsqu'ils procèdent à l'interpellation des contrevenants, donne à penser que ceux-ci sont de redoutables délinquants. Le rituel de ces opérations est facilement répétitif. Le drom' stoppé, les fonctionnaires de police s'ingénient à mettre le plus de temps possible à vérifier sa carte grise, son assurance et son permis de conduire, puis à rédiger le procès-verbal. Les chances d'obtenir la clémence sont nulles, contrairement à certains contrôles sporadiques au travers desquels il est quelquefois possible de passer, pour peu que l'on reconnaisse sa faute et que l'on affiche une humilité et une soumission teintées de regrets, voire de repentance. Toute tentative de justifier sa transgression doit être bannie : elle ne ferait qu'augmenter la sévérité des fonctionnaires dont on n'oubliera jamais qu'ils disposent, pour compliquer la vie de leur prochain, d'un nombre considérable de lois, de décrets, d'arrêtés tant ministériels que préfectoraux ou municipaux et de circulaires qui, par un biais ou par un autre, défendent ou soumettent à des conditions inobservables la totalité des comportements d'un être humain de son lever à son coucher, sauf, peut-être, le fait de respirer.

Que celui qui offre à un policier le prétexte ou l'occasion de vérifier s'il est en règle avec tous ces règlements ne s'étonne pas des conséquences de son inadvertance et qu'il ne s'avise pas de grommeler, tandis qu'on le conduit au car, que la France est le pays des droits de l'homme. Sauf s'il se souvient que ce ne sont pas des droits acquis.

Des diverses espèces de deux-roues à moteur qui se disputent l'asphalte, le drom' se résume à sa perpétuelle hâte. Les autres ajoutent à cette caractéristique quelques traits de comportement idiosyncratiques souvent en rapport avec le choix de leur modèle d'engin.

Passons sur les malheureux et malheureuses qui ne possèdent qu'un permis les condamnant aux engins de moins de cinquante centimètres cubes. Ceux-là ne peuvent espérer que les autres deux-roues à moteur les regardent et les traitent autrement que comme les idiots de village dans les campagnes de jadis. Même les cyclistes leur marquent du dédain. Ils et elles n'en essaient pas moins de se donner des allures affranchies et rêvent de ressembler aux *ragazzi* démonstratifs et rieurs des films italiens de la belle époque de Cinecittà. Mais le « toujours plus vite » général les renvoie rondement à l'humiliation de leur peu de puissance. Ils s'efforcent d'en compenser le déplorable effet en décorant leur véhicule de toutes sortes d'autocollants, voire de gadgets d'un mauvais goût assumé jusqu'à l'ostentation, genre queue de castor en synthétique qui flotte derrière leur porte-bagages ou leur casque. Ou de gagner une vingtaine de kilomètres-heure en trafiquant les cylindres et leur échappement.

La gamme des scooters de cent vingt-cinq centimètres cubes et plus permet à tous les statuts sociaux de trouver un moyen d'expression à deux roues. Il est remarquable que la quasi-totalité de ces engins aient été baptisée par les marques qui les fabriquent de noms – le plus souvent en anglais, langue de la puissance impériale et de la cinématographie des effets spéciaux – qui évoquent la force, la vitesse, les éléments déchaînés, les animaux féroces, le baroud, le vol en altitude, la voltige, la flibuste, l'exploit et différentes formes de combat, depuis celui de la cavalerie napoléonienne jusqu'à celui de la science-fiction : Atomix, Predator, Compressor, Booster, Hussar, Speedfight, Rocket, Skycruiser, Skyliner, Eurojet, Runner, Treker, Power, Swing, Vivacity, Hurricane, Typhoon, Mystral, Rafal, Fuoco, Flame, Nitro, Furious, Shark, Orbite, Sideral, Satellis, Mach 2... On ne saurait demander raisonnablement aux conducteurs de machines ainsi dénommées de se contenter de se rendre d'un point à un autre. Leur trajet se doit d'être une performance, un haut fait, une épopée. Parmi eux, ceux qui passent de la circulation en voiture à celle en deux-roues à moteur éprouvent plus que tout autre un sentiment de liberté qui leur rend inconcevable la moindre gêne et renforce en eux cette disposition à l'insensibilité à l'existence d'autrui qui ne sommeille que d'un œil dans le cœur de l'homme. Leur conduite comme leur stationnement traduisent cet état d'âme. Quant à la nature de leur rapport avec leur monture, je la trouve résumée par deux citations cueillies sur la toile. S'exprimant sur un site voué aux possesseurs d'engins du même modèle que le sien, un internaute écrit : « C'est comme piloter un ULM pendulaire » et un autre s'exclame : « L'affectif que j'avais par rapport à cet engin est maintenant décuplé : je l'adore !!! »

Qui se mettrait en travers de leur route[1] ? Pas le cycliste, en tout cas.

*
* *

Le cycliste est un piéton à deux roues. Du moins est-ce ainsi qu'il se vit et, si on veut le comprendre, c'est-à-dire éventuellement s'en protéger ou négocier avec lui un peu de bitume, il ne faut pas l'envisager autrement.

Rien n'est plus contraire à ce nouveau venu – disons à ce récent venu – dans les rues de Paris que d'arrêter son engin et de poser pied à terre. Qu'il doive se faire sur le plat, en montée ou en descente, le redémarrage d'un vélo est contraire à la nature de sa course. L'arrêt est quelque chose de psychologiquement peu envisageable par le cycliste, même s'il ne recherche ni la vitesse ni la performance. Le vélo va. Il doit aller. L'arrêter, c'est porter atteinte à la liberté fluide que promet son usage. En outre, le vélo est à la fois un jouet et un moyen de transport ou de déplacement. Un jouet, parce que celui qui le chevauche l'associe à la liberté des vacances, parce que son engin ne s'oppose pas seulement par sa fragilité, sa légèreté ou sa maniabilité aux véhicules à moteur à deux ou à quatre roues, mais encore, pour beaucoup

1. En 2006, 4 837 accidents avec blessés, blessés graves ou morts (27) ont concerné à Paris les deux-roues à moteur. En 2007, 450 de plus (mais « seulement » 14 décès).

d'adeptes de la bicyclette urbaine, par son absence de sérieux par rapport à eux. À vélo, on envisage la ville comme un espace de promenade et on ne craint pas de prendre une rue inconnue qui semble mener à des découvertes, de revenir sur ses pas pour vérifier une impression, ou de changer d'itinéraire pour mieux apprécier une perspective. Donc, le cycliste est comme le chat des *Histoires comme ça* de Kipling : il s'en va tout seul et tous les lieux se valent pour lui.

Il s'ensuit qu'on le retrouve sur la chaussée comme sur le trottoir. Sur la première, il a renversé Jacqueline Delubac, qui en est morte, et sur le second, il a jeté à terre René de Obaldia, qui a heureusement survécu. Ce genre d'incident nuit incontestablement à la popularité de la bicyclette et de ses usagers chez les non-cyclistes, plus encore lorsque le vélocipédiste s'enfuit sans se soucier du nonagénaire qu'il vient de renverser, comme ce fut le cas dans mon deuxième exemple. La manière dont le cycliste use le plus souvent de sa nature de piéton à deux roues et des droits qui, pour lui, s'y rattachent aggrave une réputation de moins en moins positive. Lorsque le vélo avance sur un trottoir à la vitesse qu'il espérerait atteindre sur la chaussée, les piétons à pied – on voit que le pléonasme est nécessaire – ont tendance à juger agressive cette intrusion dans un espace où ils se croient protégés, mais qu'ils ont longtemps accepté de partager avec le piéton à deux roues, pour peu que celui-ci observe une allure de promeneur et manifeste par son attitude, ses regards, ses mimiques et son peu de précipitation qu'il a conscience d'être en visite et leur sait gré de l'accepter sur leur territoire.

Ainsi se comportent les animaux que l'on dit « sauvages », qui disposent de multiples signes pour indiquer à leurs congénères ou aux autres bêtes qu'ils ne sont que de passage, et n'entendent ni empiéter sur leur espace vital ni tenter de s'y implanter durablement. Ces manières prudentes et civiles ne sont pas à Paris d'un usage croissant.

L'usage du vélo dans la capitale a décollé en 1991 pour atteindre un pic en 2001, avant de repartir à la hausse après l'installation du réseau de vélos en libre service Vélib', repris de l'expérience antérieure lyonnaise Vélo'v. Dans son comptage statistique, le Syndicat des transports d'Île-de-France (STIF) constate que, de 0,02 déplacement par jour à bicyclette en 1983, le Parisien est passé à 0,04 en 2008. (La circulation en automobile s'établit à 1,6 déplacement quotidien. Elle est en légère diminution chez les hommes, elle a doublé chez les femmes.) Toutefois, ce n'est pas de la croissance de son nombre que le cycliste augure de son droit prioritaire, voire seigneurial, à l'usage de la chaussée et des trottoirs, mais de la supériorité morale – que dis-je morale ? éthique – dont l'aura nimbe désormais son mode de déplacement.

Depuis le début du millénaire, les édiles parisiens ont en effet exhaussé le vélo au rang de mode de déplacement angélique. Toutes les vertus physiques sont en lui : le silence, l'absence de pollution, l'exercice, et aussi les vertus morales, depuis le sens de la responsabilité jusqu'à l'esprit de la modernité en passant par la préfiguration de l'avenir. « Le vélo est le mode de déplacement urbain par excellence : il est non polluant, non bruyant, ouvert sur la ville, bon pour la santé. Il est donc clairement une des solutions aux problèmes de la ville d'aujourd'hui et de demain », déclarait en 2005 l'adjoint chargé des Transports, de la Circulation, du Stationnement et de la Voirie. L'installation du Vélib' et son succès immédiat ont consolidé chez les cyclistes le sentiment d'être la crème de la crème. On peut hasarder l'hypothèse que, dans une société où il importe de plus en plus de se distinguer et dans un pays où l'égalité se définit comme des privilèges pour tous, ce sentiment a ancré en nombre d'entre eux la conviction de n'avoir de compte à rendre à personne, mais d'avoir à en recevoir de tous.

Pour manifester son souci de promouvoir le vélo, près de deux cents kilomètres de pistes cyclables ont été créés par la Ville en sept ans, sans compter les améliorations apportées à celles qui existaient déjà et qui porte le total à près de quatre cents kilomètres. Tous les couloirs d'autobus ont été autorisés aux vélos et il leur a été permis de circuler à contresens dans certaines voies. Ces très bonnes intentions ont abouti à des résultats diversement appréciés. Les chauffeurs d'autobus ont vu arriver avec agacement, puis avec colère des cyclistes peu soucieux de tenir suffisamment leur droite pour que les véhicules de la RATP ne soient pas condamnés à les suivre, ou encore des amoureux enchantés par une promenade à bicyclette mais n'entendant pas rouler autrement que de front. Le premier été après l'installation des Vélib', il a fallu aux conducteurs de bus faire face, dans les quartiers historiques du centre de Paris, à des nuées de touristes bicyclistes aussi néophytes qu'enthousiastes, reconnaissables à leur incapacité à démarrer autrement qu'en zigzags, voire à se jeter sous leurs roues. Les taxis, autorisés à utiliser ces mêmes couloirs, ont conçu pour les cyclistes une animosité que seuls les articles du code pénal sur la tentative d'homicide volontaire ont empêchée de mal tourner.

Les deux-roues à moteur, quoique usagers illégaux des couloirs réservés, ont mené une vie infernale à tous les usagers légitimes, et principalement aux plus faibles. Tant et si bien qu'à l'été 2008, le nombre de couloirs d'autobus ouverts à la circulation des bicyclettes a été revu à la baisse, tandis que la préfecture de Police dépêchait des patrouilles en fourgon, à vélo et en patins à roulettes pour verbaliser les piétons à deux roues et que les services municipaux chargés de la signalétique disposaient à l'entrée des couloirs nouvellement interdits de gros et ronds pictogrammes montrant un deux-roues barré d'une croix rouge.

Quant aux pistes cyclables, la conception de certaines d'entre elles constitue sans contredit possible ce que l'on appelle un « chef-d'œuvre d'ingénieur ». (« Je souhaite que soient appliqués au trafic urbain les principes de la mécanique des fluides », avait déclaré un autre adjoint au maire.)

La piste du boulevard Magenta, par exemple, qui court sur le trottoir, permet de laisser le couloir de bus suffisamment dégagé pour que les véhicules de transport en commun progressent à une vitesse optimale. D'ailleurs la police veille à ce que les vélos se tiennent sur la piste qui leur est destinée et les services de la signalétique ont fait apposer des panneaux bleus et ronds avec un petit vélo à l'intérieur, qui signifient « piste cyclable obligatoire », tandis que les panneaux bleus carrés veulent dire « piste cyclable recommandée ». Néanmoins, les piétons ne semblent pas avoir compris cette nouvelle répartition des espaces. La ligne peinte au sol qui marque la séparation théorique entre la surface qui leur est réservée et celle qui est échue en partage aux cyclistes ne les dissuade pas de déambuler sur la totalité du trottoir, piste cyclable comprise. Lorsqu'ils attendent pour traverser le boulevard que le feu leur donne le passage, on les voit même se regrouper au pied et aux alentours immédiats dudit feu, formant ainsi, sans même s'en rendre compte, en tout cas sans y prêter attention, un barrage humain que les cyclistes, à coups de sonnette et à renfort de cris et d'injures, essaient de faire rompre avant que de s'y écraser.

Les personnes ayant assisté sur place ou à la télévision à l'*encierro* de Pampelune, ce lâcher de taureaux dans les rues qui marque le premier jour de la féria, peuvent se faire une idée assez exacte de ce que vivent piétons et cyclistes boulevard Magenta, chacune de ces catégories pouvant jouer le rôle du taureau et même passer d'un rôle à l'autre en moins de temps qu'il n'en faut pour l'écrire. On peut lire des récits pittoresques et irrités de ces joutes urbaines sur de nombreux blogs, dont certains présentent les pistes cyclables de ce type comme le plus court chemin vers le Père-Lachaise.

L'ingénieux ingénieur a également imaginé dans Paris des voies réservées à l'usage exclusif des vélos. Elles sont matérialisées d'un côté par un trottoir et de l'autre par une séparation en dur, sorte de tout petit muret. Leur largeur permet à peu près à une bicyclette d'en dépasser une autre sans trop de risques, ou d'en croiser une qui vient en sens inverse en dépit de l'interdiction de rouler à contresens.

Celle qui longe la fin de la rue de Rivoli – une artère où les voitures, les deux-roues à moteur et les autobus sont nombreux à tenter de gagner au plus vite la place de la Concorde – prend naissance à la hauteur de la place Jeanne-d'Arc et va jusqu'à la rue Saint-Florentin. Au tiers de sa longueur, cette piste longe divers hôtels et une discothèque de deux mille mètres carrés, très fréquentée en semaine comme le week end. Les étudiants y organisent des soirées d'intégration, les entreprises des réceptions, les particuliers des fêtes ou des mariages. Les heureux mortels invités à ces réjouissances rejoignent souvent leur destination en autobus, tout comme les groupes de touristes qui séjournent dans les hôtels de la rue de Rivoli. En les y amenant, les cars répandent des essaims d'humains émoustillés et puérils ; en venant les chercher, ils attraient des colonies d'individus agités, inquiets, fatigués... et toujours puérils, car rien n'infantilise plus vite l'homme que les déplacements en groupe.

Les essaims et les colonies se fractionnent en sous-groupes d'où s'échappent des individus emplis d'incertitudes. Les uns hésitent sur la direction à prendre, les autres reviennent sur leur pas ; les sous-groupes perdent quelques éléments, en gagnent d'autres, éclatent ici pour se reformer plus loin. Une partie de cette multitude se retrouve au beau milieu de la voie réservée aux cyclistes. Absorbés par leurs soucis ou par leur enthousiasme, ces égarés ne voient rien venir et, le plus souvent, n'entendent pas la sonnette que le cycliste actionne avec énergie, inquiétude et exaspération. Des noms d'oiseaux s'élèvent, des cris fusent, des freins couinent. Échaudé, le cycliste pense pouvoir circuler à meilleur compte dans la partie des motorisés. Il la rejoint. Mal lui en prend : les autobus, les deux-roues à moteur et les voitures lui font entendre et quelquefois sentir que, puisqu'il a un espace réservé, il n'a qu'à s'y tenir.

On voit par là que l'ingénieur a du génie.

Il a d'ailleurs fait éclater son talent de démiurge en aménageant certains boulevards afin que les autobus y circulent si aisément que l'on puisse les assimiler à ce qu'il n'a pas craint d'appeler des « métros de surface » progressant dans des « espaces civilisés ». Comme le boulevard Magenta, les boulevards du Montparnasse, de Port-Royal et Saint-Marcel ont ainsi été transformés et connaissent désormais quatre sens de circulation avec des couloirs de bus bidirectionnels. Pour que l'on puisse traverser ces artères ou les parcourir sans danger, il n'a manqué à la municipalité et à la préfecture que d'organiser des stages de formation pour piétons, automobilistes, deux-roues et cyclistes. Nul doute qu'elles y songent et qu'elles y viendront. Pour le moment, elles ont déjà réalisé des marquages au sol aisément compréhensibles pour toute personne bilingue dont la deuxième langue est celle des pictogrammes, des graphes et des signes. Les rudiments de ce langage sont exposés et illustrés dans l'instruction interministérielle sur la signalisation routière, version dite « consolidée » de 2008 septième partie, pages 40 à 68 (arrêté interministériel du 16 février 1988 modifié par les arrêtés du 22 mai 1989, *JO* du 31 mai 1989, du 20 novembre 1990, *JO* du 14 décembre 1990, du 21 juin 1991, *JO* du 1er août 1991, du 6 novembre 1992, *JO* du 30 janvier 1993, du 8 avril 2002, *JO* du 25 avril 2002, du 31 juillet 2002, *JO* du 21 septembre 2002, du 11 février 2008, *JO* du 24 avril 2008).

Prévoyant que certaines personnes négligeraient l'apprentissage de cette deuxième langue, la municipalité, qui ne veut pas la mort du pécheur, a fait apposer de vastes panneaux bleu clair invitant les piétons à regarder à gauche et à droite avant de se lancer dans l'aventure de la traversée de chaque moitié du boulevard.

On connaît la résistance au changement de l'homme. Elle s'est traduite, dans les arrondissements concernés, par de persistantes légendes urbaines brodant sur l'augmentation des accidents sur ces boulevards réaménagés et même du nombre de morts.

Des affichettes fixées par des Parisiens aux panneaux de signalisation ou aux lampadaires traitent le maire ou son adjoint de « meurtrier » et stigmatisent un « carrefour hyperdangereux ». D'autres lancent un appel à témoins pour une collision de voitures, un cycliste renversé, un piéton culbuté ou un motard accroché. Les journalistes dépêchés dans les 5e et 13e arrondissements en reviennent avec les témoignages les plus sombres : « Il y a des morts, personne n'en parle », « Tout le monde s'est déjà trouvé en situation d'accident, à faire un pas en arrière au moment où l'on s'engage », « On rencontre des personnes âgées en face. Elles ne traversent plus. Des voisins leur font les courses[1]. » Certes, la préfecture de Police recense une augmentation de 135 % des accidents boulevard Saint-Marcel, mais, s'empresse-t-elle de préciser, c'était entre 2004 et 2005, soit pendant la période des travaux d'aménagement. 2004 fut, en tout cas, une année sans accident mortel dans le 5e et dans le 13e. Au cours des trois années suivantes, toujours selon la préfecture de Police, quatre personnes ont trouvé la mort boulevard Saint-Marcel et deux boulevard de Port-Royal. C'est beaucoup moins que les chiffres avancés par la rumeur. Cependant, il est permis de considérer que c'est beaucoup. Peut-être trop. Le piéton adoptera donc un comportement plus précautionneux, car, selon le quotidien *Libération*, « au lendemain du dernier accident mortel », la mairie a rappelé dans un communiqué que « les accidents mortels survenus récemment ne sont pas dus aux travaux mais à la "prise de risque" des piétons qui ne traversent pas dans les clous ».

1. *Libération*, « Saint-Marcel, le couloir de la peur ? », 21 décembre 2006.

***

Le piéton peut être observé à Paris sous de nombreuses espèces et apparences. Je viens d'évoquer le piéton vivant et le piéton mort (non sans souligner que le premier est en beaucoup plus grand nombre que le second), je voudrais attirer l'attention sur une autre distinction peu connue.

Il existe dans la capitale deux autres natures de piétons : le piéton réel et le piéton essentiel. Le premier est souvent âgé, l'autre se veut et se vit jeune. L'un mène une vie fréquemment circonscrite à ses habitudes et accordée aux dimensions de ses ressources matérielles et de son moral, l'autre est porté à s'éclater, possède les moyens de cette ambition et jubile d'entendre l'adjoint à la Culture déclarer qu'il faut « décoincer Paris, (où) trop de gens ont l'air d'avoir avalé leur parapluie » et « mettre un peu de désordre créatif dans la capitale ». Le premier se nourrit, le second s'alimente. L'un est client de Monoprix, l'autre se fournit chez Daily Monop'. Le premier achète du lait à 1,14 euro, des pommes de terre à 1,90 euro le kilo, du café à 0,60 euro, un camembert à 1,75 euro, du lieu à 21 euros le kilo. Le second déjeune d'un sandwich écrevisses-épinards-yaourt à 4,50 euros, qu'il arrose d'un jus d'orange-châtaigne à 2,50 euros (189 kcal, 9,5 % RNJ). Lorsque le dernier nommé fait ses emplettes, c'est davantage dans un concept que dans un magasin d'alimentation : « Conçue comme une grande épicerie de quartier avec des produits pour jeune urbain célibattant, Daily Monop' soigne son look. Murs rose bonbon, caisses posées sur de larges billots de bois, bidons métalliques, paniers colorés... tout ça pour que faire ses courses devienne un moment ludique et convivial. » Si le premier piéton est dans Paris une sorte de surnuméraire voué à la disparition par l'effet conjugué du prix de l'immobilier, de la cherté de la vie et de la stagnation de ses revenus, le second est l'objet de toutes les attentions du commerce et des édiles.

C'est pour lui que sont désormais aménagées les zones piétonnières dont la plus emblématique, celle où le maire de Paris conduit la reine d'Angleterre et tous les grands de ce monde en visite, est celle de Montorgueil. Le piéton essentiel et célibattant y jouit d'une zone dédiée à ses achats et à la célébration de ses retrouvailles avec ses semblables dans un décor qui le met en valeur, chargé de l'histoire pittoresque des Halles et débarrassé pour toujours de ceux qui l'ont faite, voire de ceux qui l'ont connue. La densité de fringants courtiers, de jeunes avocats d'affaires, de publicitaires dynamiques et d'importants salariés du « tertiaire culturel » y est considérable : c'est le Neuilly de la nouvelle bourgeoisie.

Aussi ne sera-t-on pas étonné que le piéton n'y manque pas de superbe. On ne se fiera pas à son allure décontractée et on observera que s'il porte le jean plus volontiers que le pantalon de flanelle et le blouson plus naturellement que le blazer croisé, c'est que le jean est de marque et le blouson de chez le meilleur faiseur. L'observation de la circulation piétonne dans cette artère ennoblie par la présence de ses nouveaux habitants montre à quel point le célibattant mérite la deuxième partie de son nom. (Et d'ailleurs, « célibattant » est aussi un concept : le mot ne désigne pas un célibataire, mais plutôt un type d'habitant dans lequel entrent du yuppie fin-de-siècle et du métrosexuel plus contemporain avec un grain de Dunkie (Dobble income, no kids). Chacun connaît des célibattants des deux sexes, dont une bonne part sont mariés ou en couple, avec ou sans enfants.

Donc le célibattant, lorsqu'il descend à pied sa rue favorite, n'entend pas être dévié de sa trajectoire. Cependant la rue est très fréquentée. Comme elle est assez étroite, les intentions du nouveau bourgeois entrent souvent en concurrence avec celles d'autres de ses semblables, ou avec celles de cyclistes, dont la circulation est autorisée dans les deux sens, voire avec celles des rares automobilistes qui ont accès à cette zone protégée. Le piéton essentiel reprend alors à son compte la notion de haut du pavé, qui permettait au bourgeois du Moyen Âge de ne pas crotter ses chausses en marchant trop près de l'écoulement à ciel ouvert des eaux usées. Mais si, dans les rues du Paris d'avant le tout-à-l'égout, le bourgeois moyenâgeux obtenait sans difficulté des membres des basses classes qu'ils lui laissent le meilleur morceau de la rue, la concurrence entre piétons de même rang social n'est pas sans poser des problèmes. Chaque conflit de trajectoire mériterait d'être observé par des spécialistes de l'éthologie.

L'empirique que je suis a constaté que la pratique la plus répandue consiste à ne rien céder à son concurrent et à ne rompre qu'au bord de la collision. Pour exprimer pleinement le sentiment d'importance et la fermeté de caractère du bourgeois montorgueilleux, cette pratique s'accompagne du refus de regarder son compétiteur. Si les éthologistes invoqués plus haut décident un jour de réaliser l'observation que je leur suggère, ils devront ne pas manquer de s'attacher à la direction des regards de leurs objets d'étude. Ils pourront également le faire dans les différents magasins du quartier piéton.

Le nouveau bourgeois ressent un vif désagrément à l'idée de devoir attendre, plus encore de faire la queue. Il l'exprime, lorsqu'il y est contraint, par toutes sortes de marques d'impatience, dont plusieurs sont destinées à donner à sentir à la personne que le commerçant sert tout le mal qu'il pense de sa commande. D'une manière générale, là où l'ancien bourgeois réprimandait frontalement le marchand, le néobourgeois le ménage, mais s'en prend au client, de biais, *in petto* (je n'ose pas écrire « en loucedé »). Quand il s'abstient de ces manifestations de ressentiment, il n'en adopte pas moins une posture réprobatrice, le corps tendu, le cou raide, la respiration marquée, la tête ostensiblement tournée dans une autre direction que celle de la file où il s'impatiente, sauf pour signifier, en expirant par le nez, son courroux teinté d'accablement devant la lenteur avec laquelle un ou une de ses prédécesseurs dans la queue présente ses achats à la caisse, demande un renseignement ou, pis encore, s'attarde à des familiarités avec le commerçant ou avec sa vendeuse, comme s'il voulait que chacun enregistre les titres qu'il a à un traitement particulier et l'inaliénabilité de son droit à prendre son temps.

C'est d'ailleurs exactement comme cela que se comportera le néobourgeois lorsque son tour sera venu d'être servi.

Le regard absent, ou ailleurs que là où ça se passe, n'est pas l'exclusivité du bourgeois susdécrit. C'est même la marque de la plupart des Parisiens qui se déplacent : j'ai décrit le comportement du cycliste sur le trottoir, le piéton n'a rien à lui envier. Cette mère de famille qui traverse au vert poussant devant elle le landau de son enfant qu'elle utilise comme un bouclier humain ne gratifiera pas d'un coup d'œil les automobilistes qui arrivent sur elle ; elle leur marquera par un regard ostensiblement dirigé vers son but qu'elle est en train d'exercer un droit. Le quadragénaire qui se lance sur la chaussée sans que rien dans son comportement ne le laisse prévoir ne tournera pas la tête vers le motard sous les roues duquel il aurait pu passer, pour s'excuser d'un geste ou d'un sourire. Dans le petit groupe qui s'engage au beau milieu d'une rue pour gagner le trottoir d'en face, il ne se trouvera personne pour faire au vélo qui arrive signe qu'on l'a vu et qu'on va tenir compte de son existence.

Paris n'est en effet parcouru que par des princes et des princesses en exil. Tous ego.

Le Bon Dieu du pâté en croûte

Il fait un froid à mettre triple épaisseur de laines : 1 °C. On a envie de dire, comme les présentateurs météo de la télévision, « un petit degré », tant il ne semble maintenu au-dessus de la barre du zéro que comme un funambule. À six heures et demie du soir, ce troisième dimanche de novembre, il fait nuit noire.

Aux abords du Forum des Halles, mêlée à ceux qui vont s'engouffrer dans la trémie qui mène au multiplexe de Ciné Cité, une colonne ininterrompue se dirige vers Saint-Eustache et pénètre dans la vieille église où se marièrent Pomponne et Sully, où fut baptisé Louis XIV, où furent célébrées les funérailles de Rameau, d'Arlequin et de la mère de Mozart. Un Rubens, *Les Disciples d'Emmaüs*, est accroché à l'un des murs. Le tombeau de Colbert est signé Coysevox. Ce ne sont pas ces œuvres d'art qui attirent notre colonne. Pas davantage le bas-relief coloré du Britannique Raymond Mason représentant « le départ des fruits et légumes du cœur de Paris, le 28 février 1969 ». Pourtant, parmi ceux qui pénètrent dans l'une des plus longues églises de la capitale, assez nombreux sont ceux qui ont connu l'ancien carreau où le ventre de Paris étalait ses tripes et ses boyaux. Les fruits et légumes n'étaient pas leur gagne-pain. Les tripes et les boyaux, si. La saucisse et le fromage de tête, l'andouillette et la morteau, les oreilles et les pieds de cochon, la palette et la poitrine, le boudin et la hure, les rillettes, les jambons et, bien sûr, les jésus, mais avec un « j » minuscule. Ceux qui se réunissent ici pour la cent quatre-vingt-dix-neuvième année consécutive sont les descendants des *chair cuitiers*, qui obtinrent en 1475 le privilège de se séparer des bouchers et de constituer une corporation autonome.

Chaque année à pareille époque, depuis le Premier Empire, le curé de Saint-Eustache célèbre pour eux la messe du Souvenir de la charcuterie. Il porte sur son vêtement liturgique la médaille distinctive des confrères de saint Antoine (pas celui qui fait retrouver les parapluies perdus, celui qui se retira au désert dans la seule compagnie... d'un porc et dont les chers *chair cuitiers* firent leur saint patron). Autour de lui, la confrérie est majestueuse : hommes ou femmes, chacun a revêtu la cape aux deux tons de bleu, les uns par-dessus leur veste blanche façon smoking, les autres en surtout de leur plus belle robe de ville. Leur col est orné du cordon et de la médaille. Avant que la messe ne soit célébrée, ils vont accompagner en cortège, portés à l'épaule par divers collègues en civil, des plateaux de belle dimension sur lesquels reposent des cochonnailles de toutes sortes. À leur tête avance, superbe, prometteuse et emblématique, une tête de cochon soutenue par deux hommes de l'art et adornée de légumes colorés.

La procession remonte l'église avec componction et va déposer ses victuailles sur des tréteaux disposés devant les chapelles absidiales nord, où sont déjà dressés de nombreux buffets encore recouverts de cellophane, derrière lesquels des bouteilles déjà débouchées sommeillent au frais. Entre les confrères de saint Antoine et les porteurs de plateaux gargantuesques, les meilleurs ouvriers de France, vêtus de leur blanc de travail au col orné d'un liséré bleu-blanc-rouge, ont conservé sur le chef la toque en usage devant leurs fourneaux. Des places d'honneur leur sont réservées, face au maître-autel. Au Grand Orgue, Jean-Baptiste Monnot joue l'*Adagio et fugue en* ut *mineur* de Mozart, transcrit par le grand Jean Guillou, titulaire de l'instrument. Derrière les prêtres concélébrant, le célèbre chœur de Saint-Eustache, dont feu le pittoresque chanoine Martin fit la réputation, et même la gloire. Pendant l'offertoire, il chante Haendel *O Lord, in Thee Have I Trusted*. Tout à l'heure, ils dialogueront avec les fidèles le Gloria et le Credo de la bonne vieille messe des Anges.

Les fidèles, justement : leur nombre est légion. La plupart ont entre quarante et soixante-dix ans. Quelques-uns sont venus avec leurs enfants et d'autres ont entraîné leur apprenti. Ils emplissent cette immense église et leur effectif ne cessera de grossir durant l'heure trois quarts de la célébration, s'augmentant incessamment de ceux qu'aura déroutés la circulation cafouilleuse de ce dimanche où se font sentir les effets de la grève des transports.

Un meilleur ouvrier de France arrive peu avant l'élévation. Il rejoint ses camarades après avoir revêtu dans un bas-côté les habits de son état, pestant et jurant comme un charretier en expliquant qu'il a dû marquer le pas pendant vingt minutes à la porte d'Orléans. Sa femme, épuisée et soulagée, opine du chef et prend silencieusement ses amies charcutières à témoin du malheur des temps.

Les Proverbes proclament : « Heureux l'homme qui a trouvé la sagesse, car son revenu vaut mieux que l'or. » L'épître de saint Paul exhorte à « n'être inquiet de rien ». L'évangile de Luc enseigne que « Jésus disait à ses disciples que chaque arbre se reconnaît à son fruit ». C'est sur ce thème que prêchera l'un des vicaires de la paroisse, simplement et brièvement, rappelant que, de même que c'est dans le secret de ses cuisines qu'un charcutier accumule le savoir et cultive les qualités qui rendent délectable ce qu'il propose dans ses vitrines, c'est dans le secret de son cœur que l'homme prend et entretient les fermes résolutions qui feront de sa vie un foyer d'amour, de compréhension et de noblesse.

De temps à autre quelques touristes – ils sont rares ce jour-là et, à cette heure, c'est même pour cela que les charcutiers les ont choisis – sentent qu'il se passe quelque chose de particulier. Découvrant les confrères de saint Antoine, un couple d'Allemands se demande s'il s'agit de « chevaliers » (de Malte ? du Saint-Sépulcre ? non, du véritable jambon de Paris). D'autres s'essaient à l'observation participante. Ils vont et viennent dans l'église, cherchant à déceler dans les apparences des fidèles le signe qui les mettra sur la voie. J'imagine que certains songent au *Da Vinci Code*, mais les paisibles artisans rassemblés ici ne prêtent guère le flanc à des débauches d'imagination. Immanquablement vient un moment où les touristes découvrent les buffets dressés dans le flanc gauche de l'église. Leur perplexité croît et se ramifie. Il ne s'agit pas seulement de savoir pourquoi ce lieu de culte va dans un moment se transformer en lieu de banquet, mais aussi, et peut-être surtout, de comprendre si on va pouvoir en profiter. Pour le moment, des chaises sont disposées de manière à faire barrière et l'accès aux victuailles est interdit par les sacristains.

Après le sermon, le curé annonce que l'appel des charcutiers et charcutières morts dans l'année va être effectué, conformément à la tradition, par le président du Souvenir de la Charcuterie. C'est un monsieur âgé, droit et sévère – maigre, pour un homme qui vit ou qui a vécu au milieu des pâtés en croûte – et dont je n'ai retenu que le beau prénom : Hilaire. (Rentré à la maison, le dictionnaire des saints m'apprendra que « Hilaire vient d'"hilarité", parce qu'il servit Dieu avec un cœur plein de joie. Ou de *altus*, "élevé", et *arès*, "vertu", parce qu'il fut élevé en science et en vertu, durant sa vie. Hilaire viendrait encore de *hylè*, qui veut dire "matière primordiale", qui fut obscure, et en effet, dans ses œuvres, il y a grande obscurité et profondeur ». Pourquoi non ?)

Par ordre alphabétique, et en commençant par les dames, M. Hilaire nomme celles et ceux que la charcuterie a perdus depuis la cent quatre-vingt-dix-huitième messe du Souvenir. Ma voisine se plaint qu'il n'y en a pas beaucoup cette année. Son mari lui explique que c'est parce que le président ne peut lire que les noms qu'on lui communique. Avant, on allait consulter les listes des registres du commerce, mais maintenant on ne peut plus : c'est à cause de la loi informatique et liberté. Ô loi, comme tu es ignorante des petits effets que nous vaut ton souci des grandes causes !

La liste lue est portée en cortège jusqu'à la chapelle des charcutiers, où elle sera déposée. Un incendie la détruisit en 1989, vers la trois centième année de son âge. La Fondation de France et la Ville de Paris ont aidé la paroisse et le Souvenir de la charcuterie à mener à bien une restauration où l'art moderne tient son rang. John Armleder, fondateur du groupe Ecart, plus ou moins dis sident du groupe Fluxus, a versé depuis le haut du cadre diverses peintures de couleurs pastel sur deux toiles rectangulaires d'environ trois mètres sur un mètre cinquante. Il les a baptisées *Pour Paintings* et leur a ajouté des paillettes qui accrochent la lumière coloriée par les vitraux. Un faisceau lumineux qui part de l'intérieur de la chapelle trace une croix aux reflets violets sur le mur en pierre blanche. Sur une table de verre, une urne contient les listes nominatives des charcutiers passés dans un monde meilleur. Année après année, les feuillets s'y entassent. *Memento homo quia pulvis es et in pulverem reverteris.* Pour honorer leurs morts, le boudin tradition et l'andouillette à l'ancienne ont fait cause commune avec un artiste qui définit sa pratique comme « jouant avec la perturbation et l'intégration des lieux ». Hilaire, qui l'eût dit ? Armleder, qui l'eût cru ?

La procession n'a avancé que lentement, comme c'était de son devoir. Pour l'accompagner, un chantre a entonné le *Libera me* de Haydn. Lorsque reviennent de leur rite funéraire la confrérie de saint Antoine, les meilleurs ouvriers de France et les prêtres, arrive le moment de la quête. Deux de mes voisins du rang précédent s'éclipsent sans vergogne. Ces trentenaires sont des visiteurs, ils ont le goût du pittoresque, mais gratuit. À jeter un œil dans le panier du confrère saint-antonin quêteur, je peux voir que les charcutiers savent mettre la main à la poche : que des billets. Le baiser de paix est l'occasion d'un chaleureux désordre : les uns et les autres se sont regroupés dans l'église par affinités, par communauté d'origine (la banlieue et même la province sont très représentées car ce week-end est celui d'une grande réunion professionnelle). Tous ceux qui n'ont pas eu le temps de se saluer à l'entrée en profitent pour échanger quelques informations, en même temps que « la paix du Christ ». À mon rang, on se confirme un rendez-vous pour l'après-buffet, car on a bien l'intention de dîner. Puisque « chaque arbre se reconnaît à son fruit », il est rassurant de savoir que celui qui fait commerce de nous régaler songe d'abord à se régaler lui-même. Un charcutier soucieux de sa ligne ferait penser à un prêtre agnostique. Les sacrements du second ne nous paraîtraient guère plus sûrs que le fromage de tête du premier.

La communion ne manque pas d'adeptes. Le moment des agapes approche ; cela se sent à la mobilité d'une foule que jusqu'ici le froid tenait engourdie. Le curé annonce que le président de la Confédération nationale des charcutiers, charcutiers-traiteurs et traiteurs va prendre la parole. Ce sera pour remercier la paroisse, les collègues et tous ceux qui ont contribué à la réussite de cette réunion. Et pour annoncer que celle de l'an prochain, la deux centième, sera grande et magnifique. (J'apprendrai par la suite qu'on y espère le nouveau cardinal-archevêque, à qui l'on ne manquera pas de respect en remarquant que sa rondeur devrait le porter naturellement à honorer une corporation qui traite avec tant d'ingéniosité l'animal de compagnie de saint Antoine.) Le président du Souvenir de la charcuterie remercie le président de la confédération, le curé, les confrères, les chanteurs, les organistes et les collègues, spécialement ceux à qui nous devons le buffet. Il nous précise que le vin qui l'accompagnera sera le beaujolais nouveau. (Il est bon que nous nous rappelions que la perfection n'est pas de ce monde.) Le curé de Saint-Eustache nous place sous la protection de la Vierge. Une voix sort du chœur et entonne l'*Ave Maria* de Gounod (le préféré de Tino Rossi). Le célébrant nous bénit et nous dit « à l'année prochaine ». Le chœur entonne *Ce n'est qu'un au revoir*, la foule reprend. Les prêtres, les confrères, les meilleurs ouvriers et les présidents redescendent l'allée centrale puis remontent vers la zone des agapes.

Les rangs se brisent, les appétits s'émeuvent, les corps pressent le pas, les buffets sont en un instant entourés de grappes humaines. Église ou pas église, chacun joue des coudes et, parvenu à la table profane, n'en décolle que contraint et forcé par une presse à laquelle il ne peut pas résister. Encore a-t-il, dans ce laps de temps parfois très court, fait le plein de tout ce qu'un être humain peut emporter sans avoir ni sac, ni valise, ni panier, ni chariot. Quelques-uns prennent un air officiel et tentent de resquiller en passant derrière les comptoirs. Ils se font reprendre avec sévérité. Une poignée de dames se risquent à parcourir les rangs en proposant sur un plateau de carton les spécialités qu'elles ont préparées pour ce soir. Bien heureuses s'il leur reste la totalité de leurs abattis.

Je reconnais un charcutier qui a ma pratique. Il se taille un chemin jusqu'à moi : il a évidemment quelque chose à me dire. Le voici : « Ah, monsieur Meyer, ça va être quelque chose, l'an prochain ! »

Une vie nocturne

Il n'y a pas de station de métro la plus proche. La moins loin du quartier général du 115, autrement dit du Samu social, c'est Pierre-et-Marie-Curie, l'avant-dernier arrêt de la 7, l'une des rares lignes du chemin de fer souterrain à franchir les limites administratives de Paris.

Le plateau où l'on émerge n'est pas avenant. Aussi loin que porte le regard, vers le nord, le sud ou l'ouest, aucun commerce. Le long de ces longues artères, pas d'autres lumières que celles des réverbères et des phares des voitures. Un bistrot, pourtant, planté au milieu de ce nulle part, et qui donne envie d'y entrer. Derrière lui, vers l'est, une rue incongrue, pavée, courbée, pentue, doublée d'un escalier et dominée par un petit immeuble façon Art déco, blanc, géométrique, pimpant. Un décor de cinéma. À peine lui a-t-on tourné le dos que cette banlieue reprend son visage, celui d'une gueule cassée, rafistolée par des chirurgiens de rencontre. Un quart d'heure de marche plus tard, juste avant de buter contre les grilles qui protègent les voies ferrées aboutissant à la gare d'Austerlitz, à main gauche, un bâtiment sans apprêt. Les équipes du 115 s'y préparent à leur nuit de maraude.

Il est 7 heures du soir et les appels commencent à se faire plus nombreux. Une dizaine de permanenciers y répondent, assis devant des écrans d'ordinateur et sous des tableaux lumineux. Les écrans leur indiquent tout ce que le Samu social a pu recueillir comme informations sur la personne pour laquelle ses services sont requis – ou qui les requiert elle-même. L'usager qui détient le record a été l'objet – le sujet, plutôt – d'un bon millier d'interventions. Depuis la fondation du Samu social, en 1993, trois cent mille personnes ont inscrit leur nom dans ses fichiers. Tous les âges, toutes les origines s'y retrouvent pêle-mêle. Et les deux sexes, bien sûr, avec une augmentation remarquable du pourcentage de femmes : 11 % il y a dix ans, 23 % aujourd'hui. Comme les étrangers non francophones sont nombreux parmi les personnes signalées, chaque permanencier se débrouille en trois langues. Si les moyens linguistiques du bord sont insuffisants, une flopée d'interprètes sont joignables téléphoniquement, qui se débrouillent dans quatre-vingt-quinze idiomes. C'est l'un des budgets importants du Samu social. Placés en hauteur, les tableaux lumineux indiquent à chaque permanencier le nombre d'appels en attente sur la ligne dont il est responsable, et depuis combien de temps.

24 décembre, 19 h 45 : les équipes de maraude se réunissent à côté du garage où sont parqués leurs fourgons. Le coordinateur en annonce les membres : un conducteur, un ou une infirmière, une ou un travailleur social par véhicule. Ces trios sont composés de manière à en éviter la sédimentation. Chacun doit pouvoir travailler avec tous. Un salut du patron à un conducteur qui rejoint son entreprise d'origine, EDF, qui l'avait mis à disposition pendant trois ans, dans le cadre d'un groupement d'intérêt public dont la SNCF et la RATP font également partie, aux côtés de l'État, de la Ville de Paris ou de la Caisse des dépôts. La réunion s'ouvre sur une annonce générale : les jours qui viennent seront de plus en plus froids. Non seulement le nombre de maraudes du 115 atteindra son maximum, mais les partenaires habituels, la Croix-Rouge ou l'ordre de Malte, déploieront tous leurs moyens. Le coordinateur informe les équipes des situations particulières. On a perdu la trace de M. Martin[1], qui doit suivre un traitement pour le cœur. L'équipe chargée de l'arrondissement où il a l'habitude de se tenir est invitée à le rechercher activement. Celle qui patrouillera dans le 17e tâchera de convaincre M. Durand de se laisser accompagner à l'hôpital.

1. Les noms propres sont évidemment fictifs.

Il en avait accepté le principe l'avant-veille, mais hier, pris de boisson, il a refusé de bouger de son « lieu de vie », puisque tel est le terme choisi pour désigner l'endroit où les usagers du Samu social établissent habituellement leurs pauvres pénates.

C'est dans le 7e et le 14e que maraudera l'équipe qui m'accueille. Plus qu'un simple chauffeur, le conducteur sorte de vigie qui garde un œil sur les trottoirs et repère ici une forme allongée derrière une voiture en stationnement, là un corps recroquevillé sur le sol d'une cabine téléphonique. Parti d'Ivry vers 20 h 30, le trio du 115 ne va pas errer au hasard, dans l'attente d'apercevoir un possible usager. M. Gomulka, un Polonais sexagénaire, doit s'être installé pour cette nuit de Noël (comme pour la plupart des autres nuits) du côté d'Alésia, à proximité de la caserne des pompiers, là où le bas-côté est large. Il s'agit d'aller prendre de ses nouvelles, de lui porter un peu de café et, s'il en est d'humeur, de lui proposer d'aller dormir au foyer du Samu. M. Gomulka est bien là, mais il n'est pas seul : deux formes sont allongées à terre. Sous elles, des bâches de fortune ; sur elles, un amoncellement de couvertures, de duvets, de bouts de tissu inidentifiables ; autour d'elles, des bouteilles, des canettes, des boîtes. Des biscuits jonchent le sol, mêlés à d'autres débris de nourriture.

M. Gomulka n'a pas bu que de l'eau municipale. Il se dresse sur un coude avec difficulté et articule un bonjour bienveillant mais laborieux. Dès qu'il a peu ou prou trouvé un équilibre, il interpelle en polonais l'autre forme allongée et, de sous l'agrégat de couvrantes, émerge une tête connue du 115, M. Jaruzelski, lui aussi dans les vapeurs de l'alcool. Peu à peu, le contact s'établit et se précise. Les trois du Samu s'accroupissent et s'enquièrent de l'état et du moral des deux Polonais. M. Gomulka parle un français juste assez sommaire pour pouvoir composer quelques phrases, M. Jaruzelski à peine quelques mots. Il tousse à fendre l'âme. A-t-il pu aller à l'hôpital, comme il en avait manifesté le projet ? « *Nigdy !* répond-il d'une voix sonore et caverneuse. *Nigdy szpital !* » À sa mine, aux yeux furieux qu'il roule, il n'est pas difficile de comprendre que ce mot n'exprime ni une intention ni une opinion favorable à l'Assistance publique. S'ensuit en effet ce qui paraît bien être une diatribe, que M. Gomulka résume d'un peu éclairant : « Lui pas hôpital. »

L'équipe se concerte : lors d'un précédent contact, M. Jaruzelski a craché du sang. Il a récemment maigri, il est souvent fiévreux : il n'est pas impossible qu'il soit atteint de tuberculose, maladie dont on sait la recrudescence. Il faudrait s'en assurer et, si c'est le cas, le convaincre de suivre un traitement. Mais, on l'a compris, M. Jaruzelski ne compte pas subir des examens ni recevoir des soins. L'infirmière décide d'appeler l'un des interprètes qui veillent en permanence au bout d'un téléphone. M. Jaruzelski est encore si peu assuré de la maîtrise de ses gestes qu'il faut lui tenir le portable contre l'oreille. Son interlocutrice en polonais semble le mettre en colère et *nigdy* revient comme un leitmotiv dans ses déclarations. La traductrice explique à l'infirmière que M. Jaruzelski s'est rendu à l'hôpital, qu'il y est resté deux ou trois jours et qu'on lui a fait des radios et des analyses, mais que, ayant appris de source sûre que deux Polonais à la rue qui avaient eu l'imprudence de se laisser hospitaliser sont morts là même où ils devaient retrouver la santé, il a pris ses cliques et ses claques et s'est juré qu'on ne l'y prendrait plus. Donc « *Nigdy wientseï* (*więcej*) *szpital !* » : plus jamais !

M. Gomulka s'est assis de manière stable et la colère a donné à son compagnon l'énergie nécessaire pour adopter la même position. Le conducteur va chercher du café à l'arrière de la voiture. On trinque. M. Gomulka offre des cigarettes à la ronde. La travailleuse sociale donne à M. Jaruzelski une paire de chaussettes. Il en avait manifesté le besoin à une précédente maraude et, après les avoir examinées, il les enfourne dans une poche et déclare : « D'abord moi douche. » L'équipe le laisse continuer à rechercher ses esprits et se groupe autour de son camarade de galère.

M. Gomulka – le trio du 115 prend toujours soin de donner du monsieur ou du madame à ses usagers et ne pratique avec eux que le vouvoiement – voudrait-il passer la nuit au foyer du

Samu plutôt que dehors ? L'intéressé ne semble pas avoir d'opinion arrêtée sur le sujet ou, plutôt, il passe par des phases contradictoires, détourne la conversation, y revient, s'en échappe, montre ses souliers, farfouille dans son amas de couvertures, puis finalement se lève et accepte la proposition qui lui est faite. Sur quoi il s'éloigne de quelques pas en direction d'un arbre de la rue. Il pisse contre ce végétal un fleuve puissant et interminable, à la mesure de ce qu'il a dû ingurgiter. La vessie enfin vide, il se ravise partiellement et annonce qu'il n'ira dormir au foyer que si son compagnon s'y rend avec lui.

Commence entre les deux hommes une conversation dont le contenu n'est compréhensible que par les mines et le ton de voix de l'un et de l'autre. On devine que le premier a du mal à convaincre le second, mais, au bout du compte, le duo se met d'accord sur l'idée du foyer. Toutefois, rien n'est joué : si M. Jaruzelski est tuberculeux, il ne pourra pas être admis dans une collectivité. L'infirmière lui explique donc qu'il est nécessaire d'aller à l'hôpital où il a subi des examens pour en connaître le résultat. M. Jaruzelski soupçonne une entourloupe : ne va-t-on pas le retenir contre son gré dans ce lieu si peu sûr ? On promet, M. Gomulka s'entremet, marché conclu : seuls les membres de l'équipe du 115 rentreront dans l'hôpital, ils y recueilleront les renseignements dont ils ont besoin et, si tout va bien, en route pour l'abri de nuit. Les deux Polonais se hissent sans beaucoup d'aisance dans le véhicule du Samu social et paraissent hébétés à la suite de cet effort.

On accède au service des urgences de l'hôpital Saint-Joseph par un sas. Le fourgon s'y arrête et l'infirmière, laissant les deux Polonais avec ses collègues, se dirige vers le comptoir de l'accueil. Je lui emboîte le pas. Dans le couloir d'entrée, allongé sur un brancard, un clochard barbu et emmitouflé s'est installé pour un roupillon. Il ouvre un œil, voit qu'il n'a rien à redouter des nouveaux venus que nous sommes, nous sourit et, dans un anglais très marqué d'accent d'Europe centrale, nous affranchit sur les raisons de sa présence : « *Here warm. Better. Outside cold.* » Puis il entreprend de se rendormir.

Personne à l'accueil. Dans la salle d'attente, un couple silencieux, préoccupé, triste, tendu. Dans un couloir perpendiculaire à l'entrée, deux ou trois brancards occupés par des corps qui, sous un drap ou une couverture, remuent un peu, par intermittence. Passe et repasse une fille de salle en blouse vert pomme. Son visage se ferme en apercevant nos blousons marqués Samu social, et son expression revêche contraste drôlatiquement avec le bonnet de Père Noël qu'elle s'est fiché sur le sommet du crâne. L'aide-soignante de permanence à l'accueil arrive au bout d'une dizaine de minutes. Son regard n'est guère plus avenant. Le 115 n'est pas le bienvenu.

Il faudra donc du temps à l'infirmière pour

obtenir de présenter sa requête. Elle sera interrompue par un long coup de téléphone d'une copine de la dame de l'accueil qui tient à lui raconter en détail ce qu'elle a prévu pour Noël. Ces informations recueillies, elle consultera l'ordinateur et nous apprendrons que oui, M. Jaruzelski est connu du service ad hoc, oui, il a bien été question de tuberculose mais, non, nous ne saurons pas si les examens ont été ou non positifs parce que le secret médical s'y oppose – le tout dit sur le ton qu'adoptent les enfants à l'école pour narguer un souffre-douleur dans une cour de récréation. Bon, mais justement, la dame accepterait-elle de parler avec le médecin du Samu social au téléphone ? La mère Noël traverse une fois de plus le couloir en fronçant les sourcils. L'aide-soignante ne veut pas prendre une telle responsabilité sans en parler à l'interne de garde. Fin du dialogue.

L'infirmière ne se décourage pas : la dame de l'accueil pourrait-elle poser la question à l'interne susnommé ? Notre hôtesse – si le mot peut convenir à cette personne – condescend à décrocher le téléphone intérieur. Personne à l'autre bout. Un moment de patience. Plutôt long. Deuxième essai. Toujours personne. Comme il est clair que le Samu social ne décarrera pas avant d'avoir tout essayé pour savoir ce qu'il en est de la tuberculose éventuelle de son passager, la dame de l'accueil se résigne à partir à la recherche du médecin.

Dans le fourgon, nos deux Polonais se sont ranimés et bavardent dans leur langue. L'infirmière ouvre la porte du véhicule pour les informer de l'avancée (relative) de sa démarche. Elle est accueillie par un sonore et farouche « *Nigdy szpital !* » qui prouve que l'état des poumons de M. Jaruzelski lui permet encore de trompeter sa détermination et qu'il n'a pas abdiqué sa vigilance.

Pendant que l'attente se prolonge, les portes du sas où est arrêté le fourgon se mettent à interpréter un ballet incompréhensible : elles s'ouvrent et se ferment sans raison, par à-coups. Elles se bloquent, se remettent en marche, paraissent se fixer à une position puis l'abandonnent pour reprendre leur agitation erratique. Le mouvement de leurs poulies et de leurs rouages fait un raffut du diable qui réveille le clochard anglophone et l'attire vers le sas. Il considère la bacchanale mécanique avec réprobation, puis prend son parti de l'absurdité de la situation – n'en a-t-il pas vu d'autres, et de bien pires ? – et entreprend de soutirer du Samu social un café et de l'un des Polonais – en fait ses compatriotes – une cigarette.

La dame de l'accueil refait surface. Le médecin de garde est occupé : un arrêt cardiaque. Elle n'a pas pu lui poser la question. Il en a pour un moment, surtout qu'il est tout seul. Message reçu : attendre ne servirait à rien. Le 115 va remettre les voiles, après que l'infirmière aura obtenu de notre interlocutrice la promesse de communiquer au toubib de Saint-Joseph le téléphone de son confrère du Samu social qui lui-même nous affranchira. Reste à raccompagner MM. Gomulka et Jaruzelski rue d'Alésia où ils retrouveront leur couche en plein air. Dès lors qu'il y a suspicion de tuberculose, pas question d'exposer d'autres sans-abri au risque de la contagion. On a vite fait de boire à la même bouteille. Quant à dormir dans la même chambre...

La porte du sas consent à s'ouvrir et à ne pas se rabattre sur le fourgon lorsqu'il la franchit. L'anglophone retourne occuper son brancard. Comment y est-il arrivé ? Comment est-il parvenu à s'y installer ? Jusqu'à quand pourra-t-il en jouir ? Il salue de la main, comme s'il nous avait reçus chez lui. M. Gomulka confirme qu'il n'ira pas au foyer seul. Le trio du 115, deux grosses heures après avoir trouvé les deux Polonais, les redépose à son point de départ. Pour un peu ce sont les deux SDF qui remonteraient le moral de leurs visiteurs. Le temps qu'ils se réinstallent et le fourgon repart.

L'atmosphère y est morose. Le médecin du Samu social ne recevra jamais le coup de fil de son confrère des urgences de Saint-Joseph. Deux jours plus tard, à force de persévérance, il réussira à savoir que les examens de M. Jaruzelski étaient négatifs. Comme on pouvait s'en douter, aucun Polonais de la rue n'est mort dans l'un des hôpitaux de l'Assistance publique au cours des semaines passées. Ni même de l'année dernière.

Des habitants du quartier ont signalé, en haut du boulevard Raspail « un SDF installé sous l'auvent d'une entrée de magasin ». Presque au croisement avec Edgar-Quinet, il est emmitouflé dans une couverture et un sac de couchage. Il s'est fabriqué un oreiller de carton recouvert de divers lambeaux de tissu. Il ouvre un œil et décline toutes les propositions : ni café ni bouillon et encore moins la conduite au foyer. C'est un ROPP, autrement dit un « refus d'orientation par la personne », à ne pas confondre avec le ROPE, « refus d'orientation par l'équipe ». La travailleuse sociale transmet cette information aux permanenciers, qui envoie l'équipe à la rencontre de M. Heurtebise, un habitué qui a appelé il y a une demi-heure pour qu'on vienne le prendre et le conduire au foyer. Il serait à l'angle de l'avenue du Général-Détrie et du Champ-de-Mars.

Le fourgon stationne avenue de Suffren et l'équipe part à la recherche du sans-abri. Elle ne trouve personne, s'en étonne, vérifie auprès du central, qui confirme la localisation. La prospection reprend en vain, le trio rejoint le fourgon et file vers le sud du 14e, où on a signalé un homme couché en chien de fusil dans une cabine téléphonique, boulevard Brune, et un autre à la porte d'Orléans, visiblement mal en point. Dans la cabine téléphonique, pas de réfugié : juste les traces d'une couche en carton et une bouteille vide. Porte d'Orléans, un barbu hirsute et vacillant semble aux prises avec un assez jeune rondouillard. Le second est un Américain qui essaie d'empêcher le premier de tomber. « *Take care of him. He's sick.* » En effet, le barbu tremble, et ce n'est pas – ou pas seulement – de froid. Il accepte de venir au foyer. « *Take care of him* », répète à plusieurs reprises l'Américain.

Revenue au fourgon, l'équipe reçoit un appel d'un permanencier : M. Heurtebise est sans doute réfugié dans ou sous le kiosque de l'avenue du Général-Margueritte, presque au milieu du Champ-de-Mars : c'est un de ses « espaces de vie » par temps froid. (Les abords du Champ-de-Mars sont ornementés de petites artères baptisées du nom d'une culotte de peau étoilée et, sans doute pour honorer leur rang, élevées pompeusement au nom, grade et appellation d'avenues. Au moins le général Margueritte est-il mort au combat.) Le trio du 115 décide de tenter une nouvelle expédition avant de conduire son nouveau passager au foyer.

Cette fois-ci, le conducteur passe par la place Joffre – celle de l'École militaire – et s'engage dans les allées du Champ-de-Mars normalement interdites aux voitures. Arrêt devant le kiosque. Personne, ni dessus ni dessous. L'équipe bat les buissons et les contre-allées. Pas plus de M. Heurtebise que de trapéziste au Vatican. La battue, même élargie en direction des quatre points cardinaux, reste infructueuse. Au moment de repartir bredouille, le conducteur aperçoit un homme debout, immobile, devant un bosquet. Ce n'est pas celui que nous cherchons, mais c'est peut-être quelqu'un dans le besoin. Le véhicule s'approche sans que le solitaire ne bouge ni pied ni patte, pas plus que quand l'équipe descend et s'approche de lui. Mais lorsque l'infirmière se présente à lui et lui demande s'il a besoin de quelque chose, il oppose une dénégation stupéfaite : « Je suis touriste », dit-il en montrant à ses pieds un sac à dos. Et il ajoute, comme pour devancer un reproche que personne ne songe à lui faire : « Je regardais juste la tour Eiffel. » Elle est encore bleue pour quelques jours, en attendant que la présidence de l'Union européenne ne passe à la République tchèque. Malgré les vœux de bon séjour et de joyeux Noël que lui adresse le trio, le touriste se réharnache prestement et file sans demander son reste.

En quittant le Champ-de-Mars par l'avenue du Général-Détrie, le conducteur signale par bâbord avant une forme humaine allongée sur un banc. Vêtue de noir, sur fond noir dans le noir : il faut avoir un regard de marin. À l'approche du 115, la forme de déplie, s'assied, se défripe. C'est un homme d'une petite quarantaine, juste vêtu d'un costume et d'un col roulé. Il pose sur ses genoux un petit cartable en cuir. Il n'a besoin de rien. Il attend des amis qui sont allés dîner du côté de Nation et qui vont revenir. D'ailleurs il a un appartement dans le 17e. La travailleuse sociale s'inquiète, sans pouvoir ouvertement s'étonner qu'on puisse attendre sur un banc proche de la tour Eiffel des dîneurs en goguette à Nation quand on habite vers les Batignolles. « Vous devez geler sur ce banc. Vous ne pouvez pas téléphoner à vos amis ? Vous voulez qu'on vous prête un portable ?

— Merci, mais je n'ai pas leur numéro.

— Et vous connaissez le nom du restaurant ?

— Non, mais c'est à Nation. » L'homme montre son cartable : « J'ai des papiers là-dedans. » Il refuse un café en se montrant plus qu'aimable, urbain. « Ne vous inquiétez pas pour moi. Par contre, je peux vous dire que j'ai vu au moins deux personnes qui auraient besoin de vous vers le haut de l'avenue. » Quelques phrases de politesse, puis retour au fourgon. Une bordée vers le haut de l'avenue, à tout hasard et à petite vitesse. Il n'y a personne. La maraude met le cap sur le foyer Yves-Garel, du côté de la place Léon-Blum, dans le 11e.

Yves Garel fut ce que l'on appelait encore un « clochard ». Comme beaucoup d'autres, et contrairement aux récits arrangés que chacun fait de son histoire, ce n'est pas un événement catastrophique ou un accident spectaculaire qui bouleversa sa vie. Ce fut une succession de petites défaites familiales, personnelles, professionnelles et une longue suite de minuscules abandons qui le conduisirent lentement vers l'alcool, le chômage, la rue. Il y rencontra le Samu social naissant et son fondateur, le docteur Xavier Emmanuelli, qui eut l'intuition qu'Yves Garel pourrait remonter la pente et peut-être même refaire le chemin en sens inverse. Quelques années plus tard, Garel passa de l'autre côté du 115 et devint l'un des animateurs du centre d'accueil de nuit aménagé dans les locaux d'une ancienne entreprise de pompes funèbres. Il était sur le point de se remarier lorsqu'il fut presque soudainement emporté par un cancer.

Le foyer qui porte son nom est fermé à double tour et protégé par une lourde porte de métal. C'est qu'il ne s'agit pas qu'une expédition venue du dehors vienne y porter un différend né dans la rue et régler des comptes obscurs mais explosifs. Une fois identifiée, la maraude est admise à franchir le seuil, accueillie par un « samaritain ». C'est le nom que portent ici les bénévoles de diverses associations qui viennent plusieurs nuits par mois assurer les repas, faire la conversation, veiller au calme, bref, donner un coup de main. Pendant que le barbu de la porte d'Orléans est conduit à l'infirmerie, le trio, saluant au passage des collègues, des pensionnaires et des samaritains, va humer l'atmosphère de la salle à manger. Il y a déjà un moment que la vaisselle du dîner de Noël a été débarrassée, mais quelques hommes s'attardent encore, seuls ou en petits groupes, silencieux ou bavardant.

L'un d'entre eux, la crinière et la barbe abondantes et poivre et sel, interpelle le docteur Emmanuelli, qui vient d'arriver : « Johnny a mal aux pieds, docteur, Johnny a mal aux pieds. » Le médecin et le sans-abri sont de vieilles connaissances ; voilà des années que M. Cabasset (Johnny) vit dans la rue en se promettant de regagner bientôt son île des DOM-TOM. Ce projet toujours remis fait ordinairement le fond de sa conversation, mais ce soir, ce sont ses arpions. Ils sont mangés par une vilaine mycose qui, pour être soignée, supposerait une prise régulière de médicaments et des passages quotidiens de pommade. La régularité n'est guère le fort des SDF et c'est plus le devoir que l'espérance qui pousse le médecin à tenter d'amener Johnny à consulter la dermatologue attachée au Samu social. M. Cabasset contemple ses deux champignonnières en hochant la tête (de fatigue ? de découragement ? d'approbation ?), puis il réclame des chaussettes neuves. Un samaritain les lui apportera dans quelques minutes.

À Garel, la soirée de Noël a été calme. Un menu de circonstance, un peu de musique, pas de vin ni de bière, bien sûr. À 23 heures passées, la plupart des hébergés sont déjà couchés, dans des chambres de deux, de quatre, de six lits. Deux cellules individuelles permettent de recevoir une personne accompagnée d'un animal. Les douches et les sanitaires ont été récemment refaits. Chacun reçoit une paire de draps en tissu non tissé à jeter après usage. La peinture des escaliers s'écaille. Elle est de cette couleur indéfinissable qui paraît réservée à l'usage des collectivités dont on ne choisit pas de devenir membre : hôpitaux, internats, asiles. Elle date sans doute des pompes funèbres. Les couloirs et les chambres dégagent une odeur à la fois sure et fade : une odeur de caserne.

On aurait tort d'en déduire que quelque chose à Garel ressemble à un enrégimentement – malgré ce que sous-entend à l'envi sur les plateaux de télévision le représentant des Enfants de Don Quichotte, organisateur d'actions radicales et facilement médiatisables comme l'implantation de tentes le long du canal Saint-Martin. Personne n'est conduit au foyer du Samu social à l'insu de son plein gré et nombreux sont les sans-abri qui demandent à y passer la nuit. Ils en connaissent les règles, dont il est impossible de faire l'économie dans un lieu où cohabitent chaque soir près de cent cinquante personnes des deux sexes, dont certaines souffrent de troubles de la personnalité à des degrés divers. À Garel, les horaires d'admission et de sortie sont contraignants ; l'impossibilité d'y demeurer en journée ne connaît pas d'exception ; l'alcool n'entre pas ; les différends nés dans la rue doivent être mis entre parenthèses et il ne doit pas en naître de nouveaux ; la maigre propriété de chacun doit être respectée. Les samaritains vont de l'un à l'autre, conversent avec qui veut, assurent les repas et apaisent les altercations naissantes si elles ne prennent pas un tour trop véhément. Les travailleurs sociaux du Samu social se mêlent à l'ensemble de ces activités et se réservent les interventions plus délicates ou plus physiques : un ou deux sont de solides gaillards et leur stature peut suffire à dissuader les agités aussi bien qu'à maîtriser une crise d'épilepsie ou de manque. Dans son bureau dont la porte demeure ouverte, le coordinateur reçoit quiconque le souhaite.

Bien sûr, il faudrait que le plus possible de SDF qui vivent avec un animal puissent être hébergés. Bien sûr, il faudrait que le foyer accueille aussi pendant la journée. Bien sûr, il faudrait que les bâtiments soient réaménagés, repeints, rééquipés, agrandis. Bien sûr, il faudrait que les centres d'accueil de jour ou de nuit soient plus nombreux. Bien sûr, il faudrait que cesse l'absurde politique qui conduit à loger des familles (à les entasser) dans des hôtels minables mais coûteux plutôt que de leur trouver un domicile. Bien sûr, il faudrait qu'il faille, il aurait fallu, il faut, il faudra... D'ailleurs le Parlement n'a-t-il pas créé en 2008 un droit opposable au logement dont on a fait de longues exégèses ? Mais, pour l'heure, le froid venu et, avec lui, les images des journaux télévisés détrempées de commentaires compassionnels, le président de la République et des voix ministérielles ont réclamé que tous les sans-abri soient conduits de gré ou de force dans des foyers de nuit. L'hypothèse est absurde, non en raison d'un manque de places – on pourrait trouver des bâtiments à investir provisoirement et à transformer en dortoirs précaires –, mais parce que ceux et celles qui ne veulent pas ne veulent pas. Et si des services sociaux ou la police les harponnaient sur leur « lieu de vie » et les embarquaient pour une nuit, ils et elles s'empresseraient de se planquer la nuit suivante. Il y a alors de bonnes chances pour qu'ils se trouvent dans un plus grand danger, qu'il naisse du froid, d'une agression ou d'un vol. Sans parler de ce surcroît de solitude qui viendrait de la privation du contact avec les équipes des maraudes, celles du 115, de la Croix-Rouge, de l'ordre de Malte ou de l'une des nombreuses associations, paroissiales ou laïques, neutres ou militantes, qui se soucient de ceux qui vivent dans la rue.

Dans la cour en plein air du foyer Yves-Garel, et bien qu'il soit maintenant minuit passé et que la froidure soit piquante, quelques fumeurs et un petit groupe de femmes. Elles font cercle, debout, autour d'une matrone assise qui s'est lancée dans le récit de ses aventures – de ses mésaventures – avec un service censé lui faciliter l'obtention du revenu minimum d'insertion. Pour des raisons à ses yeux incompréhensibles, à chacune de ses visites, « on » exige d'elle un nouveau papier pour faire valoir ses droits. Ses auditrices ponctuent le récit de ses tribulations de diverses exclamations offusquées. Plus d'une s'essaie en vain à glisser dans la relation de leur compagne un exposé de ses propres vicissitudes face à l'une ou l'autre des administrations. Maghrébines, européennes, africaines, plus maigres qu'un chat perdu ou aussi boulottes qu'une soprano, elles se tiennent à l'écart des hommes, dont la plupart sont solitaires.

L'un se déplace sans arrêt. Il s'installe dans la salle à manger, paraît plonger dans ses réflexions, puis se propulse à vive allure jusqu'au bureau du coordinateur, mais n'y entre pas. Immobile dans l'embrasure de la porte, il observe en silence et entend sans paraître les écouter les échanges du responsable de Garel avec tel de ses correspondants au téléphone, ou avec l'un des maraudeurs du 115. Il abandonne cette position, s'installe sur un banc face à l'infirmerie, se relève, regagne la salle à manger, la quitte pour filer dans la cour, revient s'installer dans le hall. À côté de lui, assis sur une table, un métis entouré d'énormes paquets portant les couleurs de diverses grandes surfaces se balance en écoutant un baladeur. Plus loin, un homme au visage tuméfié parle – ou plutôt marmonne – tout seul. Il n'a pas bougé de son siège depuis que nous sommes arrivés, examinant les nouveaux venus amenés par d'autres maraudes. Peut-être commente-t-il pour lui-même les allées et venues de tous. Peut-être entretient-il une conversation avec un invisible et imaginaire interlocuteur. Peut-être rognonne-t-il une colère. Peut-être ses lèvres remuent-elles sans proférer quoi que ce soit de plus qu'un son dépourvu de sens. Peut-être ne sont-elles agitées que d'un tremblement.

Dehors, dans l'autre monde, Noël finit sa nuit.

***

Quelques jours après les fêtes, le thermomètre est descendu à – 5 °C. Les météorologues, adoptant l'usage nord-américain, après avoir tenu compte de la direction des vents et calculé leur vitesse, annoncent une « température subjective » proche de – 10 °C. Une maraude me cueillera à Bastille vers 21 h 30. Quelques Parisiens y battent la semelle et soufflent dans leurs doigts.

L'un d'entre eux, sans doute partie se réchauffer au café, a installé au milieu du trottoir un vélo ; de chaque côté du porte-bagages est dressé un panneau rectangulaire d'environ un mètre de haut et soixante-quinze centimètres de large ; il vante les mérites de *L'école qui tue, manifeste de sincérisme*. Trois cents pages, 15 euros. En vente sur Internet. Sous ses photos prises à différentes étapes de sa vie, de l'enfance à la maturité, l'auteur détaille les intentions de son ouvrage-manifeste : « Pour dire non au renvoi des enfants martyrs indisciplinés. Pour dire non aux pédagogues désinvestis et haineux. Pour dire non aux morbidités disciplinaires. Pour dire non à une discipline sans éthique qui ne respecte pas le cœur, la conscience, le courage. Pour dire non aux mots d'ordre artistiques. Pour dire non aux scénocrates brechtiens et autres. Pour dire non à la dépersonnalisation des comédiens. Pour dire non à l'altérité imposée. Pour dire non au pragmatisme polymorphe. Pour dire non au pessimisme prosélyte.

Pour dire non au quiétisme, à l'hermétisme, au scepticisme. Pour dire non au froid sec, dur, qui ne respecte pas notre psychophysiologie. Pour dire non à l'antihéros littéraire. Pour dire non au marketing littéraire qui désubstantialise. Pour dire non à la culture non compassionnelle de droite. Pour dire non à l'image dégradée de l'homme qui sert la droite. Pour dire non à tous les “dé” qui font de nous des mutants : dérision, desséchement, dépersonnalisation. Pour dire oui à l'éthique corporelle : cœur, conscience, courage. » La lecture de cette proclamation ébouriffée et sa prise en notes m'a fait oublier le froid et agréablement passer le temps : en cette période de vœux et de bonnes résolutions, je me promets de m'opposer désormais au quiétisme, à l'hermétisme, au scepticisme et à toute tentative de désubstantialisation.

Le fourgon du 115 apparaît avant que je n'aie eu le temps de songer à d'autres dispositions. Avec l'infirmier, la travailleuse sociale et le conducteur, il transporte déjà un sans-abri. C'est une connaissance, M. Cabasset, Johnny. Il a appelé le Samu social et demandé que l'on vienne le prendre boulevard de la Bastille. Il a insisté sur sa faiblesse. Le cœur, pense-t-il. L'infirmier a déjà pris sa tension ; elle est normale. Arrivés à Garel, on verra si d'autres examens justifient de pousser jusqu'aux urgences. M. Cabasset, aidé de l'infirmier et de la travailleuse sociale, peine à descendre du fourgon. Il gémit, soupire, se crispe, grimace. Le conducteur insiste pour remplacer ses deux collègues. Comme

Johnny, il est originaire des Antilles. M. Cabasset semble mieux se débrouiller. Nous nous éloignons.

Quelques minutes plus tard, la démarche de Johnny s'est faite plus assurée, ses soupirs, ses grimaces, ses jappements de douleur ont disparu. Il jouait la comédie, nous expliquera le conducteur. « C'est un vieux cabot. Je le connais depuis assez longtemps pour qu'il ne puisse pas me la faire. Il avait envie qu'on s'intéresse à lui ce soir, mais vu la température, on n'a pas de temps pour ça. Lui remonter les bretelles en créole, c'est plus efficace et puis il faut comprendre sa situation. » Quelle situation ? Dans son île, M. Cabasset était quelqu'un. Pas un gros bonnet, mais quelqu'un. Proche parent d'un parlementaire. Une famille qui compte. Johnny avait une formation, un diplôme et un métier : informaticien. Pourquoi ne lui a-t-il plus été possible de l'exercer ? Pourquoi a-t-il dû quitter les Antilles ? Pourquoi n'a-t-il pas gardé l'emploi qu'il avait trouvé à Paris ? « Il dit que chez nous, on lui a jeté un sort. Ici, vous ne croyez pas à ces choses-là. Ça ne me gêne pas, mais j'ai vu des trucs que je ne peux même pas raconter. De toute façon, ce qui est sûr, c'est qu'il ne retournera jamais là-bas. » Le conducteur n'a pas envie d'affronter notre possible scepticisme. Il faut aller chercher dans le bureau du coordinateur le fax qui assignera à la maraude les prochaines étapes de son itinéraire.

Cette nuit, c'est une coordinatrice qui a la responsabilité du foyer. Hier, elle a eu à faire face à trois crises d'épilepsie. Les pompiers ont chaque fois porté secours avec bonne humeur, mais le foyer a été agité jusque très tard et elle a dû veiller bien après que chacun était couché. Elle apprécie le calme de ce début de soirée. Le temps de boire avec elle la moitié d'un café et les échos d'une algarade parviennent du hall.

« Salope, on va te retrouver dans une benne à ordures ! » Ils sont trois, un grand brun d'une vingtaine d'années qui se tient la main droite, un Maghrébin plus âgé et râblé et une filiforme blonde serrée dans un jean et chaussée de bottes à talons hauts. Les deux premiers cherchent à coincer la troisième contre un mur et menacent de lui faire un sort, puis, à notre approche, le Maghrébin se place entre son congénère et la blonde et s'efforce de paraître s'interposer. Une fois chacun séparé des autres, la coordinatrice emmène la blonde dans son bureau, où elle recevra ensuite les deux autres protagonistes de la dispute. Chacun donnera sa version des origines de la bisbille, une affaire de drogue dont leur interlocutrice refuse de connaître les détails. Seule lui importe la cessation des hostilités. « Ou vous attendez demain pour régler vos affaires dehors, ou vous quittez le foyer sur-le-champ. » Les trois belligérants choisissent la deuxième solution mais veulent tous obtenir une satisfaction d'amour-propre : que la coordinatrice reconnaisse que la version des faits qu'on lui donne est la bonne. Elle s'y refuse et maintient la seule position qui lui importe : pas de conflits dans le foyer. Le grand brun, dernier à passer dans le bureau, ne s'en satisfait pas. Il entend tirer argument de ce que la blonde est un blond, et d'ailleurs même pas, c'est de la teinture. Ses arguments d'une morale élémentaire (« on ne peut pas faire confiance à un travelo ») demeurent sans effet. Il change de tactique et se plaint alors de sa main. Il l'a enveloppée dans une sorte de mouchoir : « Cette salope m'a donné un coup de couteau. » Il refuse de retirer son bandage de fortune. Son camarade maghrébin s'improvise conciliateur. La blonde, qui a entendu les accusations, tente de revenir dans le bureau. Un samaritain s'interpose. Le grand brun annonce qu'il va la crever et paraît commencer à exécuter sa menace. Notre conducteur intervient. On éloigne les adversaires, puis on dépense des trésors d'éloquence à convaincre le blessé de montrer sa main à l'infirmier. Il refuse, exagère sa douleur, profère de nouvelles rodomontades. Il finira par accepter d'aller à l'infirmerie, à condition que son camarade l'y accompagne. C'est l'infirmier de notre maraude qui l'examine. Lorsqu'il en sort avec un beau pansement, la coordinatrice lui accorde trois quarts d'heure de permission de sortie pour qu'il aille boire une bière avec son copain dans un café voisin. Mais qu'il en revienne calmé et à l'heure dite. « Viens, dit le Maghrébin au blessé, on lui réglera son compte demain. »

Revenu au fourgon, l'infirmier sourit : « Il n'avait rien, pas de plaie, à peine la marque d'une petite pointe. Il a aussi bien pu se faire ça lui-même. Je lui ai pris sa tension, j'ai écouté son cœur, je l'ai désinfecté et pansé. Ça l'a calmé, semble-t-il. »

***

Il faut aller chercher M. Nesterovic rue Pastourelle, vers l'angle de la rue des Archives, dans un squat dont la démolition va commencer et le conduire à l'hôtel Borda[1], où la mairie du 3e lui a réservé une chambre pour une durée indéterminée. M. Nesterovic est slovène et sans titre de séjour. Il doit avoir trente-cinq ans. Il a été marié en Normandie (mais sans doute pas devant le maire) ; la journée il exerce au noir des activités d'électricien. Ses parents sont aux États-Unis.

Il aimait bien son squat. Pas de problèmes avec les autres occupants, au contraire, des coups de main. Il est le dernier à quitter les lieux et secoue tristement la tête en buvant le café du 115. Arrivé devant l'hôtel Borda, le conducteur est saisi d'un doute : cet établissement appartient à une catégorie dans laquelle la municipalité n'a pas l'habitude d'installer les SDF. Vérification faite, c'est l'hôtel Volta qui attend M. Nesterovic, un sans-étoile. Pour un sans-abri, c'est raccord. Un gardien de nuit pakistanais veille dans un hall à

1. Là aussi, le nom est fictif.

peine éclairé où s'entassent quantité de cartons. La chambre 7 a la largeur d'un lit à une place et d'une armoire. Il y règne un froid de gueux. C'est qu'on y a laissé la fenêtre grande ouverte, derrière les rideaux en pilou.

M. Nesterovic contemple la chambre. « Combien de temps ? » « Plusieurs nuits, la mairie doit vous informer demain. » M. Nesterovic hoche la tête, incrédule. Il ne ferme pas la fenêtre, comme s'il n'envisageait pas de s'installer. Les toilettes sont à l'étage au-dessus, la douche à l'étage inférieur. L'escalier est crasseux, l'établissement rappelle ces bâtisses lépreuses qui sont le décor parisien de bien des films en noir et blanc. « Bon, ben, nous allons vous laisser. » M. Nesterovic ne tient pas à être laissé. Il descend avec la maraude. Il aimerait bien un autre café et fumer une cigarette dehors. Gobelet en main, il ne se résigne pas à voir le 115 partir et se lance dans le récit de sa vie en Normandie, puis au squat. Sans impatience, le trio du Samu social l'écoute mais ne le relance pas. Le conducteur, puis la travailleuse sociale s'éclipsent l'un après l'autre pour s'installer dans le fourgon. L'infirmier finit par les rejoindre.

M. Nesterovic regarde le véhicule s'éloigner en allumant une autre cigarette.

***

« Depuis 1924, l'Ami Louis célèbre l'art du bistrot parisien, alliance attachante d'aisance, de bonne humeur et de savoir-vivre. Résultat, l'air de rien, sans se vanter, ce bon vieux décor de la rue du Vertbois accueille les célébrités du monde entier. Bill Clinton lui rend visite à chacun de ses passages à Paris. Célèbres et anonymes, tous les amis de Louis apprécient ses bons plats familiaux de saison, comme l'agneau de lait rôti, et ont la joie de se faire baptiser (*sic*) par 850 références de vins. Un plaisir simple mais finalement assez rare. Prix moyen à la carte : 150 euros. » C'est en ces termes et avec cette précision de prix non superflue que l'association des Châteaux et Hôtels présente son adhérent prisé des Étasuniens en quête de couleur locale.

À quelques mètres de l'entrée qu'aime à franchir Bill Clinton, M. Gourand est depuis belle lurette l'occupant attitré des deux mètres carrés de trottoir que chauffe la grille d'évacuation d'un des bâtiments publics du quartier. Comme cette grille est verticale, M. Gourand dort assis. Il porte un gros bonnet, enfoncé le plus bas possible. Son corps est recouvert de plusieurs couches de tissu dont une couette presque neuve, jaune étoilée de noir. Un passant lui a offert un sac de couchage. La journée n'a pas été mauvaise pour le sans-abri. Il n'a pas envie d'aller au foyer. Il félicite le 115 de travailler si tard. Il aimerait bien une cigarette et un Bolino, ce plat déshydraté qui eut son heure de gloire (en tout cas de renommée) au début des années quatre-vingt, lorsqu'une publicité en chanta les qualités supposées sur l'air de *Bambino*, l'une des grandes scies de Dalida (« Heureusement *y a Bolino, Bolino, Bolino...* »). Le conducteur va pêcher dans une caisse à l'arrière du fourgon un bol de carton qui contient une poudre jaune et marron. M. Maggi, le fabricant, assure qu'elle n'attend qu'un peu d'eau bien chaude pour se transformer en couscous légumes. Ingrédients : semoule de blé dur (61 %), légumes (22 %) : pois chiches (6,2 %), tomates, carottes (3,2 %), petits pois (3,2 %), oignons, courgettes. Valeur nutritionnelle pour 1 bol : énergie : 330 kcal/1397 kJ, protéines : 11,9 g, glucides : 64,1 g, lipides : 2,9 g. Le conducteur verse l'eau de son Thermos. M. Gourand déguste son Bolino. Prix moyen : 1,20 euro.

***

Rue Vieille-du-Temple, à l'angle avec la rue Rambuteau, M. Verchère est allongé sur une grille. Il se dresse sur un coude pour accueillir le Samu social et, à peine les saluts échangés, confirme en souriant qu'il ne souhaite pas passer la nuit au foyer. Il le fait sur un ton posé et amical, d'une belle voix timbrée qu'ornemente un suave accent du Sud-Ouest. « Un pt'it café, m'sieur Verchère ? – Un p'tit café, bien sûr ! » M. Verchère s'exprime avec facilité. Il a la quarantaine. Il n'a pas bu. Il connaît les emplacements des trois cent quatre-vingts bouches de chaleur de Paris. Elles lui assurent des nuits confortables, quoiqu'il faille se méfier de certaines d'entre elles, trop chaudes et qui vous brûlent. Malheureusement les pouvoirs publics ont entrepris de les réinstaller de manière à décourager ceux qui s'y installent pour dormir. Ils les relèvent, les adornent de petits pics, bref, ils imitent la RATP, qui a remplacé les bancs de ses stations par des sièges individuels, sur lesquels il est impossible de s'allonger, voire par des sortes de sous-culs surélevés que le voyageur utilisera comme une sorte de canne de chasse. M. Verchère n'a besoin de rien, sauf, peut-être, d'une paire de chaussures, pointure 42. Aucune de celles entreposées dans le fourgon n'a la bonne taille. La prochaine fois...

***

Passe un petit groupe qui se présente au trio du 115 : ce sont des militants du DAL (Droit au logement), à la recherche de couvertures pour les sans-abri à qui la mairie a autorisé l'usage d'un gymnase proche jusqu'à la fin des vacances scolaires. Les pompiers leur en ont déjà procuré quelques-unes, dans cette matière dorée isotherme qui servent à envelopper les blessés pendant leur transport. Une dame qui a entendu la conversation propose d'aller chercher chez elle une ou deux polaires. « Les gens sont gentils », dit M. Verchère.

***

M. Flandrin a ses habitudes rue du Caire, dans le 2e arrondissement, là où s'était constituée la cour des Miracles, avant que Louis XIV n'ordonne à son lieutenant général de police, La Reynie, d'envoyer ses dragons faire place nette. M. Flandrin jouit d'une retraite d'environ 1 500 euros, aussi porte-t-il des habits et des chaussures en excellent état. Il a l'usage d'un petit local où il peut entreposer son peu de biens : des vêtements adaptés aux saisons, des couvertures, son oreiller, des sacs. Il est à la rue depuis sept ans et prend son déjeuner chaque jour dans un restaurant chinois voisin où on lui sert quotidiennement le même plat. Il est volontiers causant et apprécie les passages réguliers de la maraude. Mais c'est pour le plaisir d'une conversation sur la pluie et le beau temps. M. Flandrin s'est arrangé une vie. Il ne souhaite pas que l'on s'occupe de ses affaires.

***

M. Robic tousse à fendre une plaque d'égout. Une toux profonde, creuse, qui le secoue des pieds à la tête. Il ne lui reste qu'un œil, d'où s'échappe un peu de liquide. Allongé sur un banc à proximité de la République, il est enveloppé d'autant de pull-overs qu'un Auvergnat de Vialatte. Ils lui font un torse volumineux, disproportionné et comique. Il est d'humeur badine, siffle les filles, réclame une cigarette aux passants, avant de sortir de son anorak un paquet dont il offre le contenu au trio du 115. Entre deux quintes, il raconte que sa journée a été bonne. « À la priante », il a fait une bonne recette. Faire la manche à la priante, c'est tendre la main à l'entrée et à la sortie des églises. On mendie « à la renverse » lorsque l'on reste assis à la même place et « à la rencontre » lorsque l'on sollicite les passants en marchant à leurs devants. Les places à la priante sont les plus recherchées et on ne se les attribue pas quand on veut, même si on est le premier arrivé. Des coups de couteau sont quelquefois nécessaires à celui qui a des droits acquis à faire valoir. Mais M. Robic a soixante-dix-huit ans, dont vingt-huit de rue. Il sait ce qu'on lui doit et comment le rappeler à qui les négligerait.

Il ne cracherait pas sur un café. L'infirmier s'enquiert de cette toux qui hache pour de longues secondes les propos du presque octogénaire. Est-elle ancienne ? Crache-t-il beaucoup ? A-t-il craché du sang ? A-t-il de la fièvre ? « Je peux ? » demande l'infirmier qui attend l'accord du SDF pour poser sa main sur son front. « Vous êtes chaud, monsieur Robic, je vais chercher le thermomètre. » M. Robic risque une plaisanterie sur l'incongruité qu'il y aurait à montrer son derrière en pleine rue. L'infirmier revient avec un thermomètre électronique auriculaire, dont l'embout jetable prévient des risques de contamination. Pour perfectionné qu'il soit (ou parce qu'il l'est), l'instrument ne fonctionne pas et aucun essai, aucune secousse, aucune exhortation, aucune insulte ne le fait varier du 36,9 °C qu'il affiche. « Vous viendriez avec nous au foyer ? On pourrait vous examiner plus confortablement, et puis ils auront un thermomètre qui marche. – Allons-y, rigole le sans-abri, ça me fera une balade. »

Pendant le court trajet jusqu'à Garel, M. Robic, qui a eu du mal à monter dans le fourgon, tousse de plus en plus. Ses quintes durent chaque fois davantage. Entre deux secousses, le vieil homme se plaint. Il ne reste rien de la bonne humeur gouailleuse qu'il affichait il y a quelques instants à peine. Arrivé au foyer, ses plaintes redoublent. Il est conduit directement à l'infirmerie.

La coordinatrice finit de remplir des papiers dans son bureau. Le grand brun de l'altercation de tout à l'heure et son copain sont rentrés avant l'expiration de leur permission de sortie. Ils étaient calmés. « Ils n'avaient même pas bu leur bière. » Une trogne apparaît dans l'encadrement de la porte. Je dis une *trogne*, parce que ce visage paraît être celui d'un comédien grimé pour jouer le rôle d'un ivrogne dans un film historique sur les bas-fonds d'une ville au Moyen Âge. On aurait même tendance à penser que la maquilleuse en a fait un peu trop. Mais l'homme dont c'est la figure n'effacera pas les stigmates de son intempérance avec des lingettes et des produits cosmétiques. Il ne retirera pas ce masque de pochard qui lui ferme à peu près toutes les portes. Il est venu par curiosité, au cas où il y aurait de la conversation à faire. La coordinatrice l'aiguille vers moi, histoire de pouvoir avancer dans l'ingrat, fastidieux et obligatoire travail bureaucratique qui lui incombe. Je crois comprendre que si nous allions converser dans le hall, nous lui procurerions un peu de tranquillité. Il y a des chaises libres dans un coin à l'écart, ce sont celles que choisit ma nouvelle connaissance.

Ce que l'homme veut me faire savoir, c'est qu'il a été quelqu'un. À preuve les nombreux billets de 20 et de 50 euros qu'il sort de la poche intérieure de sa grosse veste. « Rangez ça, monsieur Rigal, gronde en passant une travailleuse sociale, je vous ai déjà dit de ne pas montrer votre argent. Vous voulez qu'on vous le prenne, ou quoi ? » M. Rigal hausse les épaules mais obtempère. Naguère, il était dans l'immobilier. Spécialisé dans la vente de cafés et de brasseries. « J'en ai vendu deux grosses, des près des gares. Sans compter les bistrots. » Mais il a bu. « Dans la bistrotaille, on boit. L'alcool m'a eu. Mais j'ai encore de quoi. » Il désigne du doigt la poche où il a dû renfermer ses billets. « Et puis, j'ai une fiancée. J'ai rendez-vous avec elle demain. » Un pensionnaire du foyer a entendu cette dernière phrase : « Elle est comment, ta fiancée ? » articule-t-il sur le ton du doute. Pour toute réponse, un silence hautain et décourageant. De fait, après avoir répété sa question, l'interrupteur, manifestement fatigué, se dirige vers la salle à manger. « Je ne parle qu'aux personnes distinguées », lâche M. Rigal dans son dos. Quatre femmes quittent la cour où elles devisaient en fumant. Elles se dirigent vers le local où sont distribués les draps pour la nuit.

L'une d'entre elles, la plus âgée, traîne la patte. Elle fait halte à notre hauteur et jette à mon voisin un regard sans aménité. M. Rigal, la mine soudain fermée, me glisse un mystérieux « C'est la Russe », puis se lève brusquement, emporte sa chaise qu'il tient comme un bouclier (ou comme une arme ?) et gagne l'autre bout du hall. La babouchka dodeline de la tête et me prend à témoin, mouillant les « r » et prononçant les « i » presque comme des « u ». « Artiste ! Ici artistes ! » Puis, devant mon incompréhension, elle précise : « Ici cinéma ! Cinéma gratuit Artistes ! »

Accompagné et soutenu par l'infirmier et le conducteur, M. Robic fait son apparition. Il geint et flageole. La maraude va l'emmener aux urgences de Saint-Louis, où il a déjà été soigné dans le passé. Malgré ses deux bâtons de vieillesse qui ne cessent de l'encourager, le vieil homme ne parvient au fourgon qu'à grand-peine. Il se plaint d'une douleur au côté. Elle l'a saisi tout à l'heure, sans signe avertisseur, alors qu'il toussait. Sur le seuil de Garel, deux autres maraudes débarquent leurs passagers. Les équipes échangent brièvement quelques informations sur leur soirée. On se donne rendez-vous pour le casse-croûte de la pause.

Paris commence à se vider de ses noctambules piétons ou automobilistes. La barrière de l'hôpital est fermée. Pendant que le conducteur réfléchit à une autre entrée possible, quelqu'un, quelque part, voit le fourgon du Samu social sur l'écran d'une caméra et lui ouvre le passage. Le fourgon s'arrête dans la vaste et sombre cour, très en contrebas de la rue Juliette-Dodu. Cet enfoncement par rapport à la ville et le peu d'éclairage de cette cour au pied des vastes bâtisses de l'Assistance publique n'appellent aucune manifestation primesautière. Pendant que le conducteur part à la recherche d'un chariot, la maraude est silencieuse. M. Rigal pousse de petits cris. Quelques soignants de Saint-Louis fument une cigarette dans la nuit. Dans un moment, un moment un peu long parce qu'il n'y avait plus de chariot disponible et parce que les couloirs sont interminables et le paraissent encore davantage, le permanencier des urgences – un Antillais, comme tous les membres du personnel qui traverseront la salle d'accueil dans l'heure qui vient – cherche à reconstituer le dossier de M. Rigal à partir de sa date et de son lieu de naissance. Il y parvient et le chariot et son passager disparaissent avec l'infirmier du 115.

Un chétif arbre de Noël orné d'une rachitique guirlande lumineuse clignote dans un coin. Une cage de verre porte l'inscription « Réservé à la police ». Pour l'heure, la cage est vide et fermée. Son plancher est jonché de divers détritus. Dans le prolongement, une salle d'attente où deux Asiatiques tendus et silencieux luttent contre le sommeil. Appuyé à un mur, un jeune homme en jean et perfecto regarde dans le vague. Un peu plus loin, une femme paraît statufiée devant la porte qui mène aux salles de médecine et de chirurgie. La fatigue commence à peser sur les équipiers du Samu social. « On grignoterait bien quelque chose, non ? J'ai repéré un distributeur. » Le conducteur collecte les pièces, reprend le corridor et revient dix minutes plus tard. Le distributeur était en panne.

L'infirmier rejoint ses collègues. M. Robic n'a rien au cœur, mais sa fièvre, sa toux et sa tension ne disent rien qui vaille à l'urgentiste. Il restera à Saint-Louis. La maraude va casser une petite croûte.

L'art pauvre

La pierre, une pierre blonde, la brique, d'une chaude couleur rouille, le fer, recouvert d'une peinture... gris fer, et le verre sont unis avec bonheur dans un ensemble aux proportions élégantes et simples. Les architectes de l'atelier Novembre à qui fut confié le « Cent quatre » ont fait preuve d'une remarquable humilité. Ils ont fait entrer partout la lumière, dégagé la perspective entre la rue d'Aubervilliers et la rue Curial, couvert le passage ainsi créé, et nettoyé les façades des différentes halles où travaillaient pour les Pompes funèbres municipales les palefreniers du temps où les chevaux noirs et emplumés tiraient les corbillards, ou les chars funéraires, puis les mécaniciens chargés de l'entretien des cent cinquante fourgons mortuaires et des quatre-vingt-douze berlines, les menuisiers fabriquant les cercueils de toutes catégories, les plombiers soudeurs qui les fermaient pour toujours, les tendeurs, à qui revenait la responsabilité d'étarquer, c'est-à-dire de raidir les tentures à suspendre au porche de l'immeuble du défunt et au portail des églises, les brodeuses qui réalisaient les inscriptions sur les catafalques, et aussi des cireurs, des coiffeurs, des manutentionnaires, des peintres, des employés de l'état civil et, bien sûr, des croque-morts.

« Le régiment des pompes funèbres compte, au grand complet, un millier d'hommes : charpentiers, menuisiers, peintres, charrons, ébénistes, plombiers, tapissiers, etc. Dans les vastes ateliers, clairs, aérés, des femmes travaillent sans relâche aux draperies et mettent en ordre la lingerie noire. Dans d'autres salles, des artistes héraldistes peignent des écussons. À côté, voici les ateliers de la carrosserie, de la sellerie, de la bourrellerie. Par une porte entrouverte, les flammes luisent dans l'ombre, c'est l'atelier de soudage. Au sous-sol, là, sont entreposés les cercueils. Un corbillard, débarrassé de ses housses protectrices, et les voitures ont été avancés dans la cour, soigneusement époussetés et brossés. Aidés de palefreniers, les cochers attellent leurs chevaux. Du magasin des accessoires on apporte les hauts plumets qui donnent au char et à l'attelage un air somptueux ; on accroche les écussons à chaque voiture. Il faut se hâter, car l'heure approche[1].

Dans le quartier, on connaissait le lieu sous le nom de l'« usine à deuil ». Les morts ne séjournaient ici que pour les derniers préparatifs de leur

1. Henri de Forge, *Le Mois littéraire et pittoresque*, 1903.

ultime voyage. On y travaillait depuis 1873, année où le syndicat des fabriques des églises et des consistoires fit construire cette cathédrale industrielle sous la supervision de Baltard. La loi de séparation de 1905 retira la direction de l'usine aux églises pour la confier à la Ville, qui en eut le monopole jusqu'en 1983. Du 104, rue d'Aubervilliers partaient vingt-sept mille corbillards par an, près de cent vingt chaque jour ouvrable. La fin du monopole municipal fit s'étioler l'activité jusqu'en 1997, où elle cessa. Que faire de cette parcelle d'un hectare et demi et de cette friche de trente-neuf mille mètres carrés construits dont le maire du 19e, Roger Madec, avait obtenu l'inscription à l'inventaire supplémentaire des Monuments historiques ?

Très vite après l'élection municipale de 2001, la réponse prend la forme d'un lieu de résidence et de création artistiques. La droite et la gauche se chamaillent aujourd'hui à propos de la paternité de cette idée, mais dans cette dispute, la bonne foi des anciens amis de Jacques Chirac et de Jean Tiberi est pour le moins difficile à établir. D'ailleurs, la querelle est picrocholine. Très vite aussi, la machine à faire ronfler l'éloquence fonctionne à plein rendement. Le Cent quatre sera « un espace de création et de liberté bâti comme un nouveau passage dans le tissu urbain, là où le Paris de demain s'invente ». « Ce lieu de résidence et de création artistiques unique au monde désire bousculer, par sa dynamique artistique, les frontières entre les arts et les publics. » « Le Cent quatre s'inscrit dans une dynamique nouvelle, à l'image d'autres lieux d'art à Berlin, Rome, Madrid, Essen, Tallin... qui croisent les disciplines et se soucient de leur transmission. Ces nouveaux sites s'attachent à repenser la place de l'artiste dans la société, les conditions de production et les modes d'accès à l'art. » La barre est placée haut. Pour l'atteindre, et même la franchir, l'établissement dispose de « seize plateaux de fabrication artistique de tailles variables et d'équipements modulables, dans lesquels il est prévu d'accueillir chaque année trente à trente-cinq projets artistiques pour des résidences temporaires de un à douze mois. Des espaces mutualisés (bureaux de production, vestiaires, stockage, salles de formation...) et des régies techniques complètent l'accompagnement de la création artistique. Deux salles de diffusion de deux cents et quatre cents places sont situées au cœur du bâtiment. Au sous-sol, les anciennes écuries sont rénovées pour pouvoir accueillir des manifestations telles que salons, expositions, événements d'entreprise ou défilés de mode. » Un café, un restaurant, des boutiques (« de proximité », précise le projet) compléteront progressivement cet ensemble et « en assureront la convivialité », tandis qu'une pépinière d'entreprises culturelles pourrait accueillir une dizaine de jeunes sociétés.

On voit par là que le projet artistique se double d'un projet social. Ses concepteurs le définissent avec l'ardeur du missionnaire : « Le Cent quatre participe d'une volonté de rééquilibrer géographiquement l'offre culturelle à Paris et constitue une opportunité pour ses riverains. Le Cent quatre est un acteur de la vie locale. À travers une politique volontariste de partenariat avec les associations et institutions locales, il participe à tous les espaces de concertation et de réflexion sur la vie du quartier. Les habitants sont associés aux événements et aux activités : ils sont (...) guides pour les artistes en résidence ou encore invités aux fêtes du Cent quatre. » (En juin 2007, le Comité des mal-logés s'invita lui-même à occuper les lieux dont l'aménagement était achevé mais qui n'avaient pas encore ouvert. Les responsables de l'établissement artistique répondirent à cette occupation en écrivant dans leur lettre mensuelle : « Nous pensons qu'il y a urgence et nécessité à ouvrir un tel lieu dans le quartier Flandre-Aubervilliers. L'art en sortira grandi, les habitants, les Parisiens, les visiteurs étrangers pourront y trouver un logement de l'esprit, du corps, des langues et des écritures. Voilà pourquoi le Cent quatre existe avec et au milieu des habitations. »)

En octobre 2008, époque de l'ouverture de l'établissement, la population du 19e arrondissement connaissait un taux de chômage de 17 %, et même, pour les jeunes, de 23 %. Toute proche du Cent quatre se trouve l'une des cités que la police considère comme l'une des plus impliquées dans le trafic de drogue, et l'une de celles où il lui est le plus difficile de pénétrer efficacement.

***

J'avais donc décidé d'aller voir l'art en sa nouvelle demeure (« unique au monde ») et j'étais tout à l'admiration de ces bâtiments et de cette cour couverte que le soleil d'hiver enjolivait jusqu'à la flatterie. J'avais consulté le programme du jour et je venais de décider quel atelier aurait ma visite, celui d'un plasticien péruvien, adepte du collage et attaché à « rendre compte par ce moyen de notre imaginaire collectif autour du mouvement post-punk français des années 1985-1989 ». Sans avoir jamais cédé à la tentation de me faire coiffer à l'iroquoise ou de porter une épingle à nourrice dans le lobe de mes oreilles, il ne m'a pas échappé que l'énergie et la radicalité du mouvement punk ont renouvelé et considérablement durci les mouvements contestataires nés dans les années 1970. En Grande-Bretagne, où ce genre de révolte est bien davantage que chez nous portée à l'autodérision et à l'invention d'une nouvelle extravagance, j'avais pu m'en faire une idée à travers le graphisme incisif, facétieux et sans tabou des fanzines comme *Sniffin'glue* et des publications inspirant la mouvance anticonsommatrice sous la bannière du « *Do it yourself* ». Je n'en ignorais pas moins l'existence d'un courant post-punk et m'apprêtais donc à combler cette lacune.

C'était un peu tôt, l'atelier de l'artiste ne devait ouvrir qu'une grande heure plus tard. Délaissant donc l'espèce de camion à frites installé dans la première cour en attendant que le restaurant soit opérationnel, je découvris une installation vidéo intitulée *Dérivation*, aboutissement du travail conduit depuis trois mois par une artiste en résidence. Un cartel présentait l'œuvre : « *Dérivation* aborde des notions de construction, celles-ci, confrontées à des déplacements dans un espace donné. Un système électrique est installé en dérivation de celui du Cent quatre afin de créer un surplus, une extension du bâtiment. Celui-ci amenant à un parcours dans le lieu pour y trouver aux extrémités des vidéos montrant une personne déroulant un câble électrique. Il est question de repenser l'espace dans sa réhabilitation en le parcourant de part (*sic*) des matériaux présents dans celui-ci pour ensuite se confronter à une seconde extension qu'est celle de la vie autour de ce lieu reconstruit. » Dans un vocabulaire profane, je dirais que des fils électriques gainés et tirés à travers le Cent quatre conduisent à divers moniteurs qui donnent à voir un homme de dos déroulant un câble, d'abord dans l'enceinte de l'établissement culturel, puis dans la rue Curial, jusqu'à une épicerie. Cet exercice sur la dialectique du dedans et du dehors sentait furieusement son écolière. Dossier consulté, il s'agissait d'une élève des Beaux-Arts de Paris conduite en ce lieu par deux de ses professeurs pour y être hébergée artistiquement en même temps que treize de ses camarades. (Pourquoi ai-je failli écrire « conduite en ces lieux par deux de ses professeurs pour y être hospitalisée artistiquement » ?)

Dérivant de l'un de ses moniteurs vidéo à l'autre, je contemplai avec perplexité une autre installation : accrochés au toit du premier hall côté rue d'Aubervilliers, trois ensembles composés d'une table et de deux chaises de cuisine pendaient dans le vide, superposés les uns aux autres, le dernier à six ou sept mètres du sol.

Je n'étais pas encore parvenu à deviner le sens de cette œuvre quand je tombai, à deux pas de l'ultime moniteur vidéo – celui montrant l'homme déroulant son câble dans l'épicerie de la rue Curial –, sur un personnage à la fois étrange et familier, ou du moins attendu. Sa tenue était celle d'un employé des pompes funèbres : costume gris anthracite, chemise blanche, cravate noire, chaussures noires. Dans ces vêtements, on se serait attendu à trouver un homme fait, ou un homme sans âge. Or ils étaient occupés par un godelureau, un béjaune, un de ces blancs-becs dont on pourrait jurer qu'ils ont encore un peu de placenta dans les narines. Assez grand, le nez dessiné, les yeux vifs, l'air réservé mais avenant, il se tenait debout derrière une table couverte d'une vingtaine d'exemplaires d'un mince catalogue intitulé *Peinture* XIXe. Un cartel cloué sur un pied de bois indiquait des heures de visite de l'exposition portant le même titre. L'une de ces heures allait sonner. Seule une jeune femme asiatique attendait le départ de l'excursion artistique. Je demandai à venir en doubler les effectifs.

Dans *Peinture* XIXe, il fallait comprendre 19e arrondissement et, par « peinture » il fallait entendre cette espèce particulière de peinture murale ou de calligraphie que sont les tags. La visite se ferait donc hors les murs du Cent quatre, *in situ*, sous la conduite du godelureau qui nous précisa sa qualité de commissaire de l'exposition. Avant de quitter l'établissement, le commissaire m'éclaira sur l'installation des chaises et tables de cuisine suspendues : c'était pour inciter à voir, côté rue Curial, les quatre tours d'habitation dites les « Orgues de Flandre », hautes chacune d'une centaine de mètres et abritant dans leurs appartements sociaux sept à huit mille personnes. La figuration symbolique des trois cuisines devait être comprise comme s'inscrivant – *commissarius dixit* – « dans le dialogue entre le Cent quatre et le quartier », seule règle imposée aux quatorze résidents des Beaux-Arts.

Le premier tag, rue d'Aubervilliers, n'était plus qu'à peine déchiffrable : le gardien de l'immeuble avait fait le nécessaire pour restituer au mur sa couleur originale. Cependant, il était encore possible, aidé du catalogue et du commissaire, de déchiffrer la signature de l'artiste (SKKIO) et l'inscription, « La consistance du visible ». On voyait par là, commenta notre guide, une interpellation adressée au spectateur de l'œuvre sur la fugacité et la mutabilité de ce qui prétend à la stabilité et à la durée. Rue Riquet, deux calligraphies sommaires reproduites dans le catalogue de l'exposition disaient « Guerre sociale » et « Vive la révolte ». La mairie les avait fait recouvrir d'une épaisse couche de peinture qui les rendait absolument indiscernables. C'était tout l'intérêt de ces tags : montrer les limites de la tolérance municipale à l'expression libre des artistes. La jeune femme asiatique manifesta un commencement de trouble. Un peu plus loin, une inscription sur un grillage « *XANE RORO* », visible de biais ne l'était plus de face. Il s'agissait donc d'une manifestation d'Op Art, ou art cinétique, dont notre cicérone nous rappela que Kandinsky avait été l'un des pionniers, soulevant ainsi la question de la réalité visuelle. En remontant la rue d'Aubervilliers, on passe les jardins d'Éole, nouveau parc paysager édifié sur d'anciens terrains de la SNCF, « intégrant la démarche écologique, avec prairies fauchées à la main ». Au sud de cet éden, une bâtisse en déconfiture attend de devenir la Maison des petits, « lieu de sensibilisation précoce à l'art et de socialisation pour les enfants de zéro à cinq ans et leur famille ». Pour l'heure, elle est barricadée de partout et ses murs extérieurs sont autant de supports pour les tagueurs. L'un d'entre eux y a inscrit « Bagare », le « g » étant surmonté d'un cercle qui pourrait bien figurer une auréole, d'où le titre de l'œuvre, *Bagarre sainte* (cette fois avec les deux « r » requis par les gardiens de l'orthographe). La jeune femme asiatique parut connaître un trouble croissant. L'intention de *Bagarre sainte* devait être cherchée dans les fréquents affrontements entre bandes de différentes communautés qui marquent la vie du quartier. Une récente castagne entre jeunes avait d'ailleurs – nous raconta le commissaire – eut lieu quelques jours plus tôt juste devant le tag que nous étions en train de contempler, preuve de la pertinence de cette inscription et de sa prise directe avec la réalité sociale.

Sur un autre flanc de la future Maison des enfants, un panneau rectangulaire condamnant une ancienne entrée se divisait en deux rectangles inégaux. Le plus haut, d'un bleu profond, le plus bas, du même bleu mais délavé. Ces deux champs colorés se situaient à l'évidence dans le style du Colorfield Painting dont le héros le plus connu est l'Américain d'origine lettonne Mark Rothko. D'où le titre de *Rothko bis* donné à l'œuvre soucieuse de libérer la couleur de ses fonctions localisantes et figuratives que nous contemplions éclairés par notre guide, dont le sérieux se faisait de tag en tag plus papal, en même temps qu'il se doublait d'un petit air de hauteur sans doute destiné à nous signifier sa déception de devoir conduire un troupeau – même réduit – de semi-analphabètes. Ses mimiques goguenardes contrastaient avec sa mise de jeune croque-mort. Il ne nous en conduisit pas moins rue Paul-Laurent, une petite artère à angle droit entre la rue d'Aubervilliers et la rue du Maroc. Petite, mais riche en œuvres.

D'abord, sur le mur clôturant un terrain en friche, un rond ouvert qui me parut un « C » majuscule énigmatique. C'était là perception de béotien. Il ne fallait pas voir un « C » mais un cercle zen inachevé, manifestation d'une recherche d'harmonie. Le catalogue de l'exposition, en reproduisant trois de ces figures extraites de dessins japonais, acheva de me convaincre de ma bévue. C'est donc avec l'appréhension que l'on imagine que j'abordai la deuxième création de la rue Paul-Laurent : trois rectangles au bas d'un mur. Celui du milieu tout à fait blanc, celui de droite gris plutôt foncé, celui de gauche bistre clair. « Trois monochromes », déclara le commissaire de plus en plus narquois, avant de s'apercevoir que notre amie asiatique ne nous avait pas suivis et d'aller vérifier qu'elle n'était pas restée en contemplation devant le cercle zen. Profitant de cette brève absence, je jetai un œil au catalogue, où je trouvai ce commentaire : « Série de trois monochromes, monochrome black, monochrome blanc, monochrome beur. Ces trois peintures utilisent la culture célébrée des musées en évoquant le monochrome, faisant ainsi trois peintures de couleurs différentes : black, blanc et beurre. On entend d'un coup résonner l'hymne *Black Blanc Beur*. Ainsi se mêlent la culture de musée et celle de la rue par l'utilisation des murs et du black-blanc-beur qui est l'expression qui prône l'unité et la mixité sociales. L'équilibre est pourtant ici faible, le monochrome blanc est le plus grand, le beur le plus petit. La célèbre série de trois monochromes d'Alexandre Rodchenko, *Bleu pur*, *Jaune pur*, *Rouge pur* faite en 1921 veut être l'affirmation de la fin rationnelle de la peinture. Celle-ci veut-elle être la fin rationnelle de l'inégalité sociale ? »

Le commissaire revint seul, la jeune femme asiatique avait pris la poudre d'escampette. N'ayant plus que moi à évangéliser, il me conduisit jusqu'à un ensemble de quatre calligraphies grattées à la ponceuse et dont l'existence n'était plus attestée que par la différence de couleur entre le mur et leur ancien emplacement. La référence à Robert Rauschenberg aurait dû me sauter aux yeux, me commissariat le commissaire. N'était-ce pas Rauschenberg qui, ayant obtenu de Willem De Kooning qu'il lui offre l'un de ses meilleurs dessins, l'avait immédiatement effacé avec une gomme ? Et, à l'exemple de l'*Erased De Kooning Drawing*, ces tags grattés et leurs traces nettoyées nc sont-ils pas le signe que l'œuvre, comme la vie, se transforme, mais que, même transformée, elle reste une œuvre, comme la vie reste la vie ? D'ailleurs, l'absence n'est-elle pas au centre de la modernité ? N'est-elle pas même son essence ?

Nous naviguions à cette hauteur de pensée lorsque nous passâmes devant une station de Vélib', à l'angle de la rue de Tanger et de la place du Maroc. « La visite peut aussi se faire à vélo, me glissa le commissaire. À l'occasion de l'expo, nous avons fait installer quatre stations de Vélib' à moins de cinq cents mètres du Cent quatre. » Ce fut la première phrase sortie de la bouche si sérieuse et si effrontée de mon guide à me donner à penser que, peut-être, depuis le premier tag, j'avais affaire à une supercherie. Ou plutôt que la supercherie que composaient ces graffitis quelconques et ces peintures de hasard qu'une rhétorique bouffie s'efforçait d'élever au niveau de l'art était une mystification canularesque et une critique à l'humour glacial des prétentions les plus répandues dans les cercles de l'art contemporain, et jusqu'au Cent quatre avec ses artistes en stabulation libre et municipale. Ainsi donc il était bon enfant, mon commissaire ! Et lorsqu'il me montra sur le trottoir de la rue Curial des fientes séchées et écrasées de pigeons en me les présentant comme un travail sur la matière, je ne parvins pas à lui faire perdre son sérieux en lui demandant si la provenance et le sexe des pigeons fienteurs avaient une influence sur l'œuvre et si des comparaisons avaient été tentées avec celles que l'on peut réaliser avec les pigeons de Venise. « L'Italie a toujours joué un grand rôle dans l'inspiration des artistes », me confia-t-il. Il conserva son impassibilité et sa superbe lorsque, arrivés devant une camionnette dont l'arrière portait un tag « Zonar », il me précisa : « Sur ce support mobile, le tag perd incessamment son identité géographique. » Il ne perdit rien de sa gravité jouée quand, devant une tache de peinture rouge sur un arbre de la même rue, il souligna que c'était le « seul support vivant » à une œuvre de l'exposition. À notre dernière station, un graffiti peint sur le rideau de fer d'une boulangerie, il précisa que « ce tag n'était visible qu'aux jours et heures de fermeture du magasin ». J'avais de la chance : nous étions dimanche.

Nous nous séparâmes avec componction. Devant la table où je l'avais rencontré, une demi-douzaine d'amateurs d'art l'attendait pour la prochaine visite de l'exposition.

La femme d'à côté

« Rien n'est plus grotesque que le malheur. »
Samuel Beckett

En cinquante-huit années d'existence, Armelle n'a connu de Paris que quelques arrondissements du centre – encore n'en a-t-elle pas fréquenté de son propre mouvement d'autres que le 2e où elle est née et où elle habite, dans le même immeuble depuis sa naissance. Avec de la chance, elle finira par quitter l'hôpital et rentrera bientôt chez elle, sans doute pour mourir.

C'est sa grand-mère, qui se faisait appeler Rachel, qui a fait l'acquisition entre les deux guerres du bâtiment plutôt banal construit aux moindres frais au milieu du XIXe siècle à deux pas de Montorgueil. Le vacarme des Halles, leurs nuits agitées par des norias de véhicules, la mauvaise réputation d'un quartier qui sentait encore un peu la cour des Miracles, abritait encore beaucoup de magasins populaires et où travaillaient quantité d'ouvrières des ateliers de confection en tous genres, autant de facteurs qui maintenaient les prix de l'immobilier au niveau de celui des arrondissements périphériques. Rachel économisa de quoi s'acheter ici un immeuble, un peu plus loin un puis trois ou quatre appartements grâce aux commissions consistantes que lui versaient des messieurs pour faire l'intermédiaire avec toutes sortes de dames. Les plus fortunés avec les danseuses de l'Opéra, où Rachel était habilleuse. Les moins bien lotis avec des lorettes, des cousettes, des trottins, des petites mains et des tendrons, mais aussi avec des matrones, à qui elle pouvait prêter main-forte, car elle ne négligeait pas de payer de sa personne et tous les goûts sont dans la nature humaine. Ainsi avait-elle, rue du Pélican – anciennement rue du Poil-au-Con, dans le 1er –, quelques collaboratrices d'âge mûr auxquelles des jeunes gens venaient demander le fouet et certaines extravagances nécessitant un supplément. De l'un des services qu'elle rendit elle-même, Rachel attrapa un enfant qu'elle ne put faire passer. Elle le mit en nourrice, puis le plaça où elle put, avant de le reprendre avec elle, éprouvant le sentiment constant de traîner un boulet. Aussi bien lui vouait-elle l'affection que l'on peut avoir pour un furoncle persistant.

Le furoncle s'appelait Adolphe. Il fut la croix de l'école publique plutôt que sa bannière et promena de la mauvaise volonté dans différents apprentissages où sa mère prétendait le fixer. Parvenu à l'adolescence, il devait se montrer ingénieux au marché noir, vocation que la fréquentation des Halles toutes proches et la familiarité avec certains de leurs commerçants ne pouvaient qu'éveiller puis développer. Sa mère n'ignorait rien des moyens de subsistance de son rejeton. Elle exigea d'y être associée, et ils vécurent ainsi leurs seules années de relative entente, traversée de ce genre de conflits que connaissent les personnes en affaires, surtout lorsque les affaires ne sont pas susceptibles de figurer dans une comptabilité en partie double. À la Libération, des complices ou des clients peu réglo racontèrent les trafics d'Adolphe à la police, et même en rajoutèrent, dont la conduite ne lui revenait pas, et à peine les profits. Il s'ensuivit un jugement désobligeant du tribunal de grande instance dont Rachel, qui craignait que l'on remontât le cours de sa maternelle complicité, obtint, en payant un avocat, qu'il soit assorti d'un sursis. Toutefois, elle craignait que son fils, pris dans les rets et les habitudes d'une délinquance facile, ne replonge dans les eaux troubles – Dieu sait que les trafics ne manquaient pas dans les années d'après-guerre –, et que tout cela ne finisse par lui coûter fort cher. Or elle était parvenue à ce que les romans appelaient autrefois un « honnête degré d'aisance ». Elle songea donc à faire une fin, ce qui supposait dans son esprit de se trouver un compagnon honorable et de se mettre à l'abri des frasques de son fils.

Pour le compagnon, elle jeta son dévolu sur une pratique régulière et qui mangeait dans sa main : un chef d'escadron à la retraite, ancien sous-officier sorti du rang, ayant servi au Maroc pendant une période d'où il tirait de copieux récits surtout destinés à vilipender la fourberie de l'Arabe et à établir la suprématie de la race caucasienne dont il donnait lui-même la preuve quotidienne en absorbant dans des mastroquets proches de son domicile des quantités de boissons viriles et fermentées. Elles lui firent dévaler la pente qui le conduisait au tombeau. Avant d'en franchir le seuil, il avait expédié Adolphe chez les sidis, afin qu'il devienne un homme et qu'il n'emmerde plus sa daronne.

Le jeune homme développa au Maroc de menues capacités pour la débrouille héritées de sa mère et, après des vicissitudes, s'y fit embaucher comme grouillot dans un journal sportif. Il monta peu à peu en grade et fut chargé de rédiger les dépêches annonçant les résultats des courses cyclistes, et même d'y ajouter un bref commentaire. Il lui en vint la vanité de se donner un nom de plume et, pour ne pas faire les choses à moitié, il orna ce pseudonyme d'une particule. Adolphe signa « de Chatenay ». On voyait à cette époque, dans le métier mal défini de journaliste, des ascensions imprévisibles. L'une d'elles aurait pu conduire Adolphe de Chatenay à la gloire plumitive, mais le jour où il fut pris à faire les poches des coureurs dans les vestiaires au lieu de suivre la course, et comme on découvrait qu'il n'en était pas à son coup d'essai, cette hypothèse perdit de sa validité. Le protecteur que lui avait trouvé le chef d'escadron lui épargna la prison en le renvoyant à sa mère.

Rachel l'accueillit de mauvais gré et le logea dans l'un des appartements de son immeuble, lui consentant même une pension qu'elle lui versait en l'abreuvant d'insultes. Adolphe souscrivit un abonnement au téléphone et se fit inscrire dans l'annuaire des Postes comme « de Chatenay A., homme de lettres », inscription qui figura jusqu'à sa mort dans cette publication peu versée dans la fantaisie. Ayant entrepris de suivre l'exemple de son bref beau-père, il s'improvisa commentateur sportif dans les mêmes mastroquets où celui-ci faisait l'ethnologue et développa une furieuse passion pour la presse sportive, dont il rapportait chaque jour tous les exemplaires trouvables, qu'il entassait dans son appartement de soixante-dix mètres carrés, si bien que l'on ne pouvait se déplacer chez lui qu'entre des rangées de piles de journaux hautes comme des murets, au milieu desquelles une tranchée conduisait jusqu'à sa chambre, dont la porte était toujours grande ouverte, et que meublaient un lit et une table de nuit, entourés de journaux en vrac. La literie avait l'apparence de n'avoir pas été changée depuis l'inscription d'Adolphe dans l'annuaire des Postes. Pour le cas où la pépie le saisirait à domicile, l'homme de lettres remontait chaque matin de chez le marchand de vin un porte-bouteilles de six unités qu'il redescendait vides le jour suivant.

La jeunesse débrouillarde et harangueuse de M. de Chatenay fit une forte impression sur une serveuse bretonne, peut-être aussi ses espérances, car Rachel ne serait pas éternelle et son magot immobilier avait incessamment enflé, au point que l'on n'en connaissait pas l'étendue. La jeune personne s'installa au logis du beau parleur, pas encore envahi de journaux. Il en résulta une enfant, à qui l'on donna un prénom bretonnant : Armelle. Rachel avait eu la serveuse dans le nez dès qu'elle avait appris que son fils la fréquentait. Elle mena une vie infernale à cette bru de la main gauche dès que celle-ci eut pris pension chez Adolphe. Ayant conservé les clefs de l'appartement qu'elle consentait à son fils, elle y faisait irruption à n'importe quelle heure, en houspillait les occupants et leur donnait des noms infamants à voix assez haute pour que l'immeuble, voire, quand elle était en voix, une partie de la rue, n'en ignore rien. Puis elle descendait prendre à témoin les commerçants voisins de la honte que lui causaient son bon à rien et sa traînée. Des années plus tard, certains d'entre eux s'en souvenaient encore et les racontaient comme un des moments les plus pittoresques d'une carrière qui pourtant, dans ce quartier des Halles, leur avait valu de rencontrer des cocasses et des impayables.

Après l'accouchement, ce fut pire. Rachel passa de l'inimitié à la hargne et de la malveillance à la méchanceté. Elle persécuta la Bretonne, et même la battit. Comme Adolphe appliquait à sa mère la loi du talion, dès qu'il avait le dos tourné – c'est-à-dire qu'il donnait ses conférences sportives sur le zinc –, celle-ci se revanchait sur la jeune accouchée en un cercle qui méritait bien le qualificatif d'« infernal ». Il fut brisé par le brusque départ de la maman d'Armelle que l'on ne revit plus à Paris. Après ce triomphe, ou peut-être pour le marquer, Rachel décréta, non sans quelque apparence de raison, qu'Adolphe était incapable de s'occuper d'une nouvelle-née et elle fit monter son berceau dans son appartement.

L'expérience de Rachel en tant que mère et éducatrice n'était pas la plus riche ni la plus conforme aux prescriptions des pédagogues. L'intérêt qu'elle prit pour sa petite-fille fut d'abord celui que l'on voue à un trophée gagné à force d'obstination. Armelle était une prise de guerre. La preuve qu'Adolphe avait été soumis, le signe que la Bretonne avait été terrassée. Une fois le souvenir de cette conflagration atténué, Rachel éprouva pour l'enfant le même sentiment que pour un animal de compagnie. Les années pesaient leur poids, au point que la rapiat vieillissante avait fait la dépense d'un ascenseur. La Libération l'avait aussi été pour les mœurs ; l'Opéra se passait de ses services, et les activités d'une entremetteuse free lance demandait de bonnes jambes et un certain cœur à l'ouvrage. L'ancienne habilleuse désormais à la retraite désirait s'installer dans sa nouvelle peau de veuve de chef d'escadron. Elle essaya bien de reprendre son prénom de Raymonde, mais c'était trop tard. N'ayant fréquenté que les gens que concernait sa pratique, n'ayant de goût pour rien de particulier et pas d'autres raisons de sortir de chez elle que les courses, ne pouvant pas frayer de trop près avec les commerçants dont le statut social ne pouvait plus se comparer au sien, elle se reclut ou plutôt elle se trouva recluse. Elle renonça même à percevoir en personne le loyer de ses appartements et commit à cette tâche un brave homme de gérant d'immeubles, modèle d'honnêteté dans sa profession. Il devint bientôt son seul visiteur. La télévision, qui venait d'apparaître, lui fit une compagnie. Mais comme à ses débuts ce nouvel instrument de culture n'émettait que quelques heures par jour, Armelle compléta heureusement les loisirs des heures creuses télévisées.

La petite devint une habitude, une présence constante. Lorsqu'elle eut l'âge d'être scolarisée, Rachel refusa qu'on la conduise à l'école. Elle signa tous les papiers attestant que l'enfant serait instruite à domicile et, de fait, Armelle, à quinze ans, connaissait l'alphabet et les tables de multiplication, sans en avoir vraiment l'usage. Aucune instance municipale, sociale ou scolaire ne s'inquiéta de ce qu'elle aurait pu apprendre davantage. Ayant fait renoncer son fils au bénéfice des allocations familiales, en lui versant l'équivalent de ce manque à gagner, la grand-mère avait acheté une fois pour toutes la paix avec les institutions. Puisque Armelle ne leur coûtait rien, elle ne valait à leurs yeux pas plus.

Adolphe n'accepta jamais tout à fait l'enlèvement de sa fille. Je ne crois pas qu'il eût l'instinct paternel développé, mais c'était une dépossession. Ses mauvais sentiments à l'égard de sa mère tournèrent à l'aigre, et ils s'étendirent à Armelle. Adolphe ne laissait passer aucune occasion de la terroriser, de lui dire des mots orduriers et de qualifier Rachel de noms malsonnants devant sa petite-fille. Toutefois, il ne lui vint jamais à l'idée qu'une assistante sociale ou un directeur d'école aurait pu l'aider à arracher la petite à son enfermement à domicile. Elle vécut donc ainsi dix-huit ans d'une existence prodigieusement terne et répétitive.

Quand Armelle eut atteint cet âge, Rachel sentit venir sa fin. Son principal souci fut de mettre sa petite-fille à l'abri de son géniteur. Elle prit les dispositions testamentaires ad hoc, mais elle était assez avisée pour comprendre que l'état d'idiotie dans lequel se trouvait l'adolescente lui donnait peu d'armes pour résister à la cupidité de son père. Par ailleurs, la jeune fille exprimait par des signes de plus en plus nombreux un ardent intérêt pour son corps et semblait avoir une idée de ce qu'elle pourrait faire avec.

Rachel résolut d'aller tout de suite aux moyens extrêmes et de marier sa petite-fille de compagnie.

Elle avait dû se résoudre à entreprendre des travaux dans son immeuble, harcelée par ses locataires. L'entrepreneur auquel elle avait fait appel lui parut un homme suffisant pour la circonstance. C'était un nommé Morland, dans la trentaine, expéditif, sentant son faubourg, et qui n'avait pas fait de chichis lorsqu'il s'était agi d'être payé au noir. Elle lui mit le marché en main, il topa, Armelle se trouva mariée. Le compromis passé entre Rachel et l'entrepreneur impliquait qu'il vienne s'installer au domicile de sa promise, c'est-à-dire de l'ancienne habilleuse. Il assura les travaux d'aménagement nécessaires, mais n'importuna pas les deux femmes de sa présence, se contentant de quelques visites conjugales et conservant son propre appartement et, comme la suite le fit voir, d'autres relations plus délurées. La grand-mère n'y voyait aucun inconvénient. Ce n'était pas la présence de Morland qu'elle souhaitait – elle dérangeait plutôt ses habitudes –, c'était l'absence d'Armelle qu'elle se refusait à envisager. Ses affaires en ordre, Rachel rendit bientôt son dernier soupir.

Armelle entra en possession des biens que lui laissait sa grand-mère, c'est-à-dire de tout ce que Rachel avait possédé, moins la part que la loi l'obligeait à réserver à son fils. Adolphe devint donc propriétaire de son propre logement et d'une partie des appartements mis en location dans l'immeuble familial, dont les loyers lui assurèrent une existence presque aisée, en tout cas à l'abri du travail. Sa fille possédait le reste de l'immeuble, dont deux boutiques sises au rez-de-chaussée, plus quatre appartements dans le quartier et les murs d'un café de la rue Montmartre. Le compte en banque de Rachel fut partagé selon les mêmes proportions.

Le contrat de mariage entre Armelle et l'entrepreneur – Rachel y avait veillé – stipulait la séparation de biens. Morland n'eut aucun mal à faire signer à son épouse une procuration sur les comptes, puis une procuration générale. Le magot de sa belle-grand-mère lui assura du bon temps, qu'il pimenta en amenant au domicile conjugal des amis à lui. Il s'amusa à leur prêter Armelle, qui n'y trouva pas malice et développa avec eux une ardeur libidinale sans complications mais aussi sans tabous. Elle prit tant de goût à la chose qu'elle donna à Morland l'idée de faire payer les ardeurs de sa femme, laquelle n'en sut rien et ne fut pas associée aux bénéfices de ses complaisances. Malgré cette industrie – d'ailleurs plutôt un artisanat, car la location du corps d'Armelle ne fut proposée qu'à un cercle limité de clients –, l'argent se raréfia.

En ayant mangé une partie pour équiper son entreprise et claqué de jolies sommes à mener la vie à grandes guides et à éblouir les amies qu'il réservait à ses propres plaisirs, Morland commença de vendre les appartements disséminés dans le quartier. Le brave homme de gérant d'immeubles à qui Rachel en avait confié la gestion s'en inquiéta et, sans aller jusqu'à demander des comptes à l'entrepreneur – il n'y avait aucun titre –, essaya de savoir quels étaient ses desseins à moyen terme. Morland le mena d'abord en bateau en lui racontant qu'il songeait à quitter Paris avec Armelle et à installer son entreprise en grande banlieue. On traversait alors des années de grande activité immobilière et le jeune homme prétendait vouloir profiter de ce boom, tout en assurant à sa femme une existence plus saine et plus paisible qu'à Paris. Leurs enfants, car ils en auraient, sans doute même bientôt, y seraient beaucoup mieux. Adolphe avait bien rapporté au gérant tout ce qu'il savait sur le genre d'hommages que recevait sa fille, mais le brave homme était trop brave pour imaginer qu'une chose pareille fût possible. N'ignorant rien de l'aversion de M. de Chatenay pour sa progéniture, il mit ces ragots sur le compte d'une imagination maladivement torréfiée par l'envie et la haine. Toutefois, il ne se sentit pas tout à fait rassuré quant à la protection du patrimoine d'Armelle.

La dispersion complète de tous les appartements et des murs du café de la rue Montmartre prit environ trois ans, pendant lesquels le gérant observa que Morland ne donnait pas à ses projets d'établissement en banlieue et de développement de son entreprise le plus petit commencement d'exécution. De l'inquiétude qu'il éprouvait pour le sort de la petite-fille de Rachel, il passa à une méfiance active à l'égard de son mari. Lorsqu'il eut acquis la certitude que celui-ci se contentait de presser le citron et qu'une fois tout vendu, sans doute jusqu'aux parts de l'immeuble, Armelle n'aurait plus que ses yeux pour pleurer, le brave homme alerta le procureur de la République.

La justice passa lentement et sans trop s'appesantir. Armelle fut déclarée incapable majeure et placée sous tutelle. Privé de ses procurations, Morland demanda et obtint le divorce. Lorsque celui-ci fut prononcé, il y avait belle lurette que l'entrepreneur n'avait pas remis les pieds au domicile conjugal. Ni le parquet, ni le juge, ni le tuteur n'entreprirent la moindre démarche pour faire rendre gorge au mari indélicat, ou au moins pour récupérer au bénéfice de sa victime ce qui pouvait encore l'être.

Armelle avait alors vingt-trois ans. Son intelligence était à la mesure de l'absence de stimulations qui avait caractérisé toute son existence. Permettre à cette enfant attardée – idiote, mais nullement folle – de vivre une vie de femme autonome aurait demandé une attention et des soins que nul n'était prêt à lui donner et dont les résultats auraient été incertains. On en conclut donc qu'il était inutile d'entreprendre le moindre projet pour éveiller ce qui pouvait encore l'être dans l'esprit de la malheureuse. Ni le procureur, ni le juge, ni le tuteur ne songèrent à offrir à

Armelle des occasions de se socialiser, de participer aux activités d'un centre d'aide par le travail, ou de fréquenter quelque foyer.

Elle resta chez elle, dans l'appartement qu'elle avait partagé avec sa grand-mère. La télévision émettait ses programmes de plus en plus longtemps, de plus en plus tard et sur de plus en plus de chaînes. Comme autre distraction, elle pouvait compter sur les vacheries et les insultes d'Adolphe, logé à l'étage inférieur. Elle lui répondait sur le même mode, ainsi qu'elle l'avait vu faire à Rachel. Les locataires de l'immeuble s'efforçaient de se tenir à distance, car ils savaient l'homme de lettres violent. N'avait-il pas cassé les poignets d'une demoiselle très comme il faut, retraitée de la confection, qui s'était risquée à lui faire des reproches sur la propreté de l'immeuble et la sortie irrégulière des poubelles ? Le commissariat de quartier inscrivit l'incident dans une main-courante, mais ne lui donna pas suite. La locataire donna son congé.

Ni la télévision ni les joutes avec son père ne suffisaient à remplir la vie d'Armelle. Les activités auxquelles l'avaient entraînée Morland et ses amis lui manquaient au plus haut point. Elle attendait le facteur dans l'entrée de l'immeuble et le bombardait de propositions directes. À bout de frustration, elle partait fréquemment en expédition dans le quartier et filait vers quelques hôtels sans étoile, comme il en demeurait encore quelques-uns aux alentours des Halles, offrant ses services pour rien à des paumés, des solitaires, sans préjugés quant à l'âge ou à l'origine de ces anachorètes.

L'hôtel de Laval, petit établissement d'une dizaine de chambres, recevait ses plus fréquentes visites. Elles étaient d'abord appréciées, mais Armelle ne pouvait se défendre de tomber amoureuse de quiconque l'avait accueillie plus d'une fois dans son lit. Elle se lançait alors dans un harcèlement que rien ne pouvait borner, ni l'heure du jour ni la présence de tiers. Plantée sur le trottoir, elle haranguait l'objet de sa passion, lui tenait les propos les plus contrastés, passant de l'injure sexuelle scrupuleusement précise à des promesses de félicité de roman-photo. La police dut souvent la raccompagner chez elle. Il lui arrivait de se montrer violente avec les agents. Elle passa de nombreuses nuits au poste et fut conduite à quelques reprises à l'infirmerie spéciale du dépôt. Après chaque crise, le propriétaire de l'hôtel de Laval lui interdisait l'entrée de son établissement pendant une période variable. Il en allait de même des autres caravansérails où elle allait chercher de la compagnie, mais dont aucun ne tint jamais dans sa vie la place de l'hôtel de Laval, peut-être seulement parce qu'il était le plus proche de son domicile.

Pendant les semaines où elle était tricarde de ses hôtels, Armelle traversait de terribles crises de manque où l'abstinence forcée et l'absence de toute compagnie cumulaient et potentialisaient leurs effets. Elle pouvait passer une journée à écouter simultanément sa télévision, sa radio et son tourne-disque, chacun de ses appareils ayant le potentiomètre à fond et la jeune femme braillant par là-dessus l'un des refrains diffusés par la radio ou joués sur l'électrophone. Il lui arrivait de se mettre à sa fenêtre entourée de ce fond sonore et de hurler qu'elle voulait habiter à l'hôtel de Laval. Elle eut avec son père et avec les autres occupants de l'immeuble des scènes d'anthologie. La police en enregistrait de temps à autre les traces, mais sans que cela tire à conséquence.

Les choses prirent une autre tournure lorsque l'ex-Mme Morland, à bout de frustration, leva ses jupes à ses fenêtres, interpellant les passants et enjoignant aux mâles de venir honorer la petite boutique dont elle leur faisait la montre, ne portant pas de culotte. Le commissaire se montra d'abord compréhensif et se contenta d'une admonestation sévère. Il comptait que le quartier se lasserait vite de cette exhibition périodique. Il avait vu juste, mais le désintérêt du public de cette rue peu passante pour ses levages de jupe mit Armelle en fureur. Elle entreprit de châtier les indifférents en leur balançant des bouteilles d'eau en verre et certains menus objets de son mobilier. C'est à la suite de l'une de ces férias qu'elle fut conduite d'abord à l'infirmerie spéciale du dépôt, puis envoyée dans un hôpital psychiatrique où l'on envisagea de la garder à demeure sous le régime du placement d'office réservé aux personnes dangereuses pour elles-mêmes et pour autrui. Son tuteur s'y opposa.

C'était un ancien juge consulaire que ses pairs avaient fait exclure du tribunal de commerce où ses prévarications dépassaient la mesure de celles admises dans cette instance. Il n'en était pas moins demeuré inscrit sur la liste des personnes habilitées par la justice à gérer et à protéger le patrimoine des incapables majeurs, moyennant quelques remboursements qu'il dut consentir à certains administrateurs judiciaires et qui l'obligèrent à vendre son appartement de l'avenue Foch pour aller s'installer à Neuilly, d'où il « protégeait », puisque tel est le terme légal, un joli troupeau d'adultes des deux sexes, administrant leurs revenus et leur patrimoine sous le contrôle peu tatillon des juges des tutelles et sous la surveillance dépourvue de zèle de quelques substituts du procureur de la république.

Placée d'office, Armelle lui aurait échappé, et surtout ses biens, qu'aurait gérés l'institution chargée de la recueillir. Le tuteur tira profit d'un fort courant de contestation de l'enfermement en honneur chez les psychiatres de l'époque et obtint que sa pupille regagne son domicile, où il s'engageait à lui faire suivre les traitements nécessaires à son état, en liaison avec le dispensaire psychiatrique du secteur. Armelle rentra donc au logis. Pour la contrôler, l'occuper, lui faire prendre ses médicaments tranquillisants et ses potions somnifères, il fit appel au service d'une garde-malade, jeune étudiante marocaine en médecine, qu'il logea dans une chambre de bonne de l'immeuble et paya aussi peu et aussi officieusement que possible.

Sans devenir calme, l'existence d'Armelle connut des plages de bonace. Sa garde-malade prenait son travail au sérieux, l'emmenait faire les courses, essayait de l'intéresser aux petites affaires de la vie quotidienne, de lui apprendre à composer un menu, de tempérer les brusques caprices enfantins qui la poussaient à vouloir acheter n'importe quelle babiole, peluche ou produit vanté par la publicité. Elle s'efforça de lui faire prendre soin de son apparence, la conduisit chez le coiffeur, lui donna des idées pour égayer sa garde-robe. Armelle se laissait faire et se livrait à ces nouvelles activités avec la même passivité qu'avait obtenue d'elle sa grand-mère. Et comme le tuteur ne desserrait que chichement les cordons de la bourse, la garde-malade dut renoncer à la plupart des idées qui lui paraissaient susceptibles d'éveiller un peu l'esprit de la jeune femme. Au demeurant, l'étudiante en médecine avait passablement à faire avec les cours et les examens ; quant au viatique que lui accordait le tuteur, en plus du logement gratuit dans la chambre de bonne, il ne pouvait pas lui permettre de consacrer trop de temps à sa malade.

La pharmacopée psychiatrique qui devait progresser dans les années suivantes au point de pouvoir transformer un lion en cocker ne permettait pas encore de s'assurer continûment de la libido et de l'humeur d'Armelle. Le besoin d'un homme la conduisait encore à entreprendre le facteur ou à lever ses jupes lorsqu'elle croisait dans l'escalier un locataire ou un visiteur mâle. Si elle y rencontrait une femme, elle lui sifflait des insultes, essentiellement deux : « putain » et « salope ». L'hôtel de Laval recevait encore ses visites.

Elle y fit la connaissance d'un arsouille que l'administration pénitentiaire venait tout juste d'élargir de l'une de ses maisons centrales où il avait passé sept ans après avoir envoyé sa compagne dans un monde meilleur de plusieurs coups de couteau. L'homme avait du sexe en retard. Armelle se mit à sa disposition. Leurs ébats avaient lieu à l'hôtel de Laval. Non que l'arsouille n'ait pas essayé de s'installer chez sa partenaire, mais il en avait été dissuadé par Adolphe. L'homme de lettres n'avait pas cessé d'espionner sa fille. Lorsqu'elle avait été hospitalisée, il avait espéré pouvoir récupérer une partie de l'immeuble, en fait sinon en droit. Qu'Armelle ait, pour la première fois depuis son mariage, quelque chose comme une liaison stable l'avait inquiété. Il s'était renseigné sur l'élu et l'avait menacé de dénoncer à la police ses assiduités auprès de la jeune femme. L'arsouille comprit que, même si ses rapports avec Armelle n'avaient rien de délictueux, sa manière de traiter sa précédente compagne inciterait la police à l'envoyer voir ailleurs. La garde-malade, qui avait d'abord ignoré l'existence de l'ancien taulard, essaya de mettre Armelle en garde contre la propension des assassins de femme à récidiver. C'était exiger de la jeune femme de se situer à un niveau d'abstraction et de projection dans le temps dont elle n'avait jamais eu l'usage. Elle pensait entre ses cuisses. L'étudiante en médecine finit par informer le tuteur de l'existence de l'arsouille. Le tuteur alerta le parquet, le parquet la police, et l'arsouille, comme il l'avait redouté, fut invité à quitter le quartier. Armelle se trouva réduite à la portion congrue et se satisfit des clients de passage de l'hôtel de Laval.

Quelques mois après cet épisode, Adolphe de Chatenay, homme de lettres, mourut sans avertir. Dans la nuit, pris de malaise, il avait appelé les pompiers, qui, ayant défoncé sa porte, l'avaient trouvé mort. La veille de son trépas, on l'avait vu remonter dans son logis son habituel porte-bouteilles à six places. On en retrouva trois encore pucelles à côté de son lit. En apprenant sa nouvelle situation d'orpheline, Armelle poussa de sonores cris de joie, qu'elle mêla d'insultes à la mémoire du défunt. Il fallut plusieurs jours pour que ces manifestations s'atténuent, puis cessent. Chatenay s'enterra tout seul. Armelle, par le truchement de son tuteur, entra en possession de tout l'immeuble. Le quartier commençait à changer en profondeur. Le nouveau Forum venait d'ouvrir son pitoyable centre commercial, les loyers et les baux commerciaux augmentaient sensiblement. L'immeuble représentait un capital digne de considération, avec ses deux magasins et leurs sous-sols et ses cinq étages d'appartements et de bureaux.

Dans le capharnaüm de son antre, Adolphe laissait-il autre chose que des journaux sportifs en piles ? C'est la question que se posa le tuteur. Pour y répondre, il vint trois fois par semaine explorer le logis du défunt. Il nourrissait l'hypothèse qu'un homme comme M. de Chatenay ne devait pas faire confiance aux seules banques et qu'il n'avait pas mis tous ses œufs dans un seul panier. Dans un placard de la salle d'eau, il trouva un ensemble de chaînes, de menottes et de fouets, ainsi que des revues illustrées remplies d'images de messieurs cagoulés, liés, entravés, offrant leur derrière à d'autres messieurs bardés de cuir au regard sévère et gourmand. Il montra sa découverte à Armelle et à sa garde malade – sans toutefois leur permettre de feuilleter les revues. Dans quel but accomplit-il ce geste particulièrement médiocre ? Peut-être pour établir sa supériorité morale. La tâche de dresser l'inventaire de l'appartement d'Adolphe s'avéra longue et ardue. Le tuteur requit l'aide de l'étudiante en médecine marocaine, et c'est en sa compagnie qu'il découvrit un samedi deux sacs rondelets emplis de napoléons. « Je vais les mettre au coffre et je verrai avec le juge », déclara-t-il. Le reste de l'inventaire fut infructueux et, au bout de deux semaines, l'appartement fut livré aux peintres, avant d'être loué à un couple de journalistes, car le quartier devenait chic.

Si l'arsouille ne se montrait pas dans l'arrondissement, il avait maintenu le contact avec Armelle et lui téléphonait de temps à autre, à tout hasard. Lorsqu'il sut qu'Adolphe était mort, il appela plus souvent mais sans encore oser se montrer. Plus tard, il devait soutenir que sa maîtresse venait souvent le rejoindre dans le meublé où il perchait, près du métro Pelleport. Le fait était peu vraisemblable, Armelle étant incapable de voyager toute seule, surtout s'il y avait à changer de ligne. Mais à l'époque où il s'efforçait d'établir la réalité de ces visites, l'aigrefin tâchait de se faire reconnaître comme le père de l'enfant dont sa maîtresse allait accoucher. Car Armelle se trouva grosse et le tuteur refusa à grands sons de trompe d'envisager qu'elle avorte. L'homme avait des principes. Il en avait peu. Ils n'étaient pas à son usage. Ils n'en étaient que plus inflexibles.

Kevin, déclaré de père inconnu, vint au monde avant terme, affecté de diverses infirmités : il était sourd, rachitique et un excès d'oxygénation durant son séjour en couveuse lui abîma la vision. Au sortir de la maternité, le tuteur le fit placer par la direction départementale de l'action sociale chez une nourrice, dans l'Oise. Les revenus d'Armelle auraient permis qu'on donnât à son fils des soins appropriés, mais son protecteur légal lui épargna cette dépense, qu'aucun magistrat ni aucun travailleur social n'eut le cœur de lui infliger. L'étudiante en médecine marocaine tenta bien d'agir, mais elle n'y gagna que de se faire renvoyer. Elle alla trouver l'honnête homme de gérant qui continuait à s'occuper des appartements d'Armelle, dans l'espoir qu'il pourrait avoir une influence bénéfique sur le sort du gamin. Au cours de leur conversation, elle fit mention de la découverte des napoléons. L'honnête homme de gérant pensa de son devoir de demander au juge des tutelles s'il avait été informé de la trouvaille du trésor. Le magistrat, qui en ignorait tout, convoqua le tuteur, qui lui déclara qu'il s'apprêtait à le mettre au courant mais que trop d'activités avaient retardé l'exécution de son scrupuleux dessein. Il en résulta que le juge dessaisit le tuteur et en nomma un autre, huissier de justice honoraire, dont la première décision fut de retirer à l'honnête homme de gérant la charge d'administrer les appartements d'Armelle et de la confier à l'un de ses amis.

L'arsouille recommença à fréquenter l'immeuble. Il restaura la coutume d'y venir avec des amis ardents, mais l'essentiel de son industrie fut consacrée à établir qu'il était le père de Kevin. S'il y parvenait, il deviendrait difficile au tuteur ou au juge des tutelles de ne pas autoriser Armelle à l'épouser, puisque son statut d'incapable ne lui laissait pas la liberté de contracter mariage sans cette autorisation. Marié, l'arsouille deviendrait facilement le tuteur de son épouse.

La route promettait d'être longue. Les tests ADN n'existaient pas encore. Les analyses sanguines ne pouvaient servir qu'à constater la non-impossibilité de la paternité. Elles n'en étaient pas moins nécessaires. Le tuteur refusa de donner à l'arsouille l'adresse de la famille nourricière de Kevin. L'arsouille prit un avocat teigneux. La justice accepta sa requête et il fut établi, au vu des groupes sanguins et des rhésus, que l'enfant pouvait être de ce père. Cette étape franchie, chaque partie s'employa à recueillir des témoignages établissant, pour le tuteur, qu'Armelle avait connu tant de passades que le nom du père était légion et, pour l'arsouille, que l'ancienneté, la fréquence et la continuité de ses rapports avec la jeune femme le plaçaient en pole position sur la liste des géniteurs virtuels. Il s'en fallut d'un rien que cette seconde thèse ne l'emporte, car les juges qui eurent à trancher une première fois des prétentions de l'arsouille se refusèrent à noircir ses intentions présentes par des considérations sur ses activités passées d'assassin. Ils firent droit à sa noble revendication de paternité et balayèrent les hypothèses médisantes. Le tuteur interjeta appel de leur décision.

L'impatience et la vanité conduisent l'homme à sa perte plus sûrement que l'hostilité et les manœuvres de ses ennemis. L'arsouille crut son affaire assurée et passa à d'autres exercices. Il obtint d'entrer en association avec des partenaires spécialisés dans l'écoulement vers l'Afrique de voitures haut de gamme volées en France et en Belgique. La première opération à laquelle il fut mêlé tourna mal. Des rivaux pilotés par un judas voulurent s'emparer des véhicules, les couteaux sortirent des poches et l'arsouille reprit le chemin de la prison, gréé d'une inculpation de coups et bles sures ayant entraîné la mort.

D'un naturel têtu, il n'en maintint pas moins depuis sa cellule ses prétentions paternelles. Malheureusement, l'instruction établit que l'arsouille, sans attendre la confirmation des seconds juges, avait offert l'immeuble d'Armelle en garantie à ses nouveaux associés. Même son teigneux avocat pensa que la cour d'appel serait mal impressionnée par cette imprudence. Kevin demeura donc de père inconnu. Il était de mère invisible, car son placement à la DDASS était devenu définitif au moment même où la flambée des prix de l'immobilier dans le quartier des Halles assurait à sa mère, propriétaire d'une dizaine d'appartements et d'une couple de boutiques, des revenus en très forte hausse.

Après l'emprisonnement de son fiancé, Armelle connut une période de désarroi et d'agitation. Une nuit où elle hurlait sa disgrâce, une voisine appela les pompiers. Leur médecin, un appelé, s'intéressa suffisamment à la jeune femme pour se mettre en rapport, le lendemain, avec le psychiatre du secteur à qui le précédent tuteur avait annoncé qu'il veillerait sur celle que l'on avait accepté de ne pas placer d'office. Le psychiatre de secteur n'avait reçu Armelle depuis sa sortie de l'hôpital que pour renouveler à échéance fixe ses ordonnances d'anxiolytiques et de somnifères. Le dispensaire crasseux où il consultait était essentiellement visité par des toxicomanes à divers stades de l'addiction ou du manque, presque toujours patraques, souvent impressionnants d'excitation ou, au contraire, à la limite de la catatonie. Au milieu des accidents et des drames de cette population nombreuse, le cas d'Armelle n'avait guère de quoi retenir l'attention ou mobiliser les efforts d'un homme et d'une équipe mal dotés en personnel, en moyens, en locaux, et considérés en général dans la société comme une variété d'éboueurs.

Toutefois, stimulé par son jeune confrère, le psychiatre de secteur convoqua Armelle et son tuteur pour un examen détaillé. Il redéfinit le traitement de la jeune femme, y incluant de nouveaux et vigoureux psychotropes et quelques autres molécules récentes agissant l'une sur l'humeur, l'autre sur la libido. Il insista auprès du tuteur pour que celui-ci procure une nouvelle compagnie à sa protégée, si possible féminine et mûre. Armelle s'était beaucoup plainte au médecin de l'ennui dans lequel elle passait ses journées. Elle avait évoqué avec nostalgie les mois passés sous la garde de l'étudiante en médecine marocaine. Au cours de ce réexamen et de cette remise à jour de la situation et du traitement de la jeune femme, il ne fut pas question de Kevin. Par contre, comme un appartement nettement plus vaste venait d'être libéré dans l'immeuble, le psychiatre conseilla qu'Armelle s'y installe, estimant qu'un nouveau décor ne pourrait que l'aider à avoir une vie un peu différente. Il en fut selon son conseil.

Débarrassé de l'arsouille, confiant dans l'efficacité des nouveaux médicaments prescrits à sa protégée, le tuteur s'occupa de lui trouver une dame de compagnie. Ce fut une Algérienne, Rafika, qui avait passé cinquante ans et avait longtemps travaillé comme femme de ménage chez une relation de l'huissier honoraire. L'arrangement oral passé avec elle stipulait qu'elle logerait gratuitement dans le nouvel appartement d'Armelle, recevrait chaque mois l'équivalent d'un Smic et se rendrait chaque quinzaine chez le tuteur pour recevoir en liquide l'argent nécessaire aux dépenses de subsistance, étant précisé que chaque demande de débours extraordinaire – vêtements, équipement électroménager, etc. – ferait l'objet d'une évaluation au coup par coup. Le déménagement, la présence de Rafika, son savoir-faire ménager eurent sur Armelle des effets apaisants. La pharmacopée fit le reste et son plus spectaculaire résultat consista en une baisse inimaginable quelques mois plus tard de la libido de la jeune femme. C'est dans ce nouveau contexte que le tuteur put se consacrer à la gestion des biens de sa protégée.

Aidé du gérant qu'il avait désigné, il s'employa à augmenter les loyers des appartements et des boutiques. Plusieurs locataires ne purent pas suivre. Les deux compères les remplacèrent par de modernes bourgeois, de plus en plus nombreux à être attirés par ce nouveau quartier à la mode. Les deux boutiques changèrent à leur tour de preneurs et même d'activité : l'une ne vendit plus de la quincaillerie mais des chaussures et l'autre passa de la coutellerie à la fripe griffée. Les revenus d'Armelle connurent une sensible embellie. Toutefois, le tuteur mit en vente un puis deux puis trois puis finalement quatre des appartements de sa protégée. C'était, expliqua-t-il à ceux à qui il les vendait, pour mettre sa pupille en règle avec les impôts et aussi pour payer les droits de succession d'Alphonse, et même de Rachel, que la négligence du précédent tuteur n'avait pas apurés.

L'ancien gérant des appartements – l'honnête homme de gérant –, qui n'avait pas cessé d'avoir un œil sur la petite-fille de l'ancienne habilleuse, croyait pourtant savoir que les dettes fiscales d'Armelle n'atteignaient que des montants raisonnables dont l'administration acceptait d'étaler le règlement. Répandu dans le quartier qu'il habitait depuis son enfance et recueillant facilement les confidences des gens de sa profession, il s'étonna d'apprendre qu'une partie du prix de vente des logements passait pour être réglée en liquide, entre les mains de l'huissier honoraire. Il songea à alerter le juge des tutelles, qui le renvoya sèchement faute de preuves et en lui faisant comprendre qu'il considérait sa démarche comme mue par le dépit d'avoir été remercié plutôt que par le souci de défendre la jeune femme. Le magistrat le mit même en garde contre les conséquences pénales d'une dénonciation calomnieuse. Il connaissait personnellement de longue date l'huissier honoraire – une profession parmi les plus honorables où l'on ne tolère pas les manquements – ainsi que le nouveau gérant choisi par lui. Il jugea superflu de préciser que c'était même son beau-frère.

L'honnête homme de gérant ne se le tint pas complètement pour dit et attendit qu'une occasion se présente d'une nouvelle tentative. Il pensa la tenir quelques mois plus tard : l'Algérie était à feu et à sang. Les attentats du Groupe islamique armé et les réponses du gouvernement avaient atteint un tel degré de violence que la France recommanda à ses ressortissants de quitter le pays et déconseilla de s'y rendre. Ce fut pourtant le moment que choisit Rafika pour demander et obtenir du tuteur l'autorisation d'y aller passer un mois avec Armelle. L'honnête homme de gérant, mal disposé à l'égard du juge des tutelles, s'adressa cette fois-ci au procureur de la République, qui le fit entendre par la police. L'inspecteur commis à cette audition ne fut pas spécialement gracieux et sembla suspecter l'honnête homme de gérant davantage que quiconque. Aussi, lorsque celui-ci fut convoqué par un substitut qui le fit attendre une grande heure, ce fut pour s'entendre dire que la mission du tuteur consistait à veiller sur les biens de sa protégée et non à se préoccuper de sa destination de vacances. Le parquetier ajouta que la justice était suffisamment encombrée d'affaires pour qu'on ne l'importune pas avec des règlements de comptes personnels maquillés en opérations de redresseur de torts.

Entre-temps, Armelle était revenue vivante de son voyage en Algérie. Ce fut la dernière fois que quelqu'un tenta de s'interposer entre les protecteurs et leur protégée.

Le traitement médicamenteux d'Armelle ne cessa de faire des progrès : la science progressait à longues enjambées et, sous son effet, celle qui avait été une furie se métamorphosa en zombi. Une escouade de gymnastes se seraient présentés nus à son domicile qu'elle leur aurait proposé de regarder avec elle « La Roue de la fortune ». Elle sortait peu, presque pas. Quelquefois, vers la fin de la matinée, habillée comme d'un sac de patates, les cheveux collés, le teint plombé, toujours plus maigre, elle partait pour une brève excursion vers la rue Montorgueil, où son allure détonait de plus en plus dans un paysage humain désormais voué aux catégories socio-professionnelles du haut de l'échelle.

Rafika, de son côté, renonça à jamais retourner en Algérie. Elle fit venir de la banlieue nord de Paris des membres de sa famille, qu'elle installa dans l'appartement. Pour les loger plus à leur aise, elle transféra Armelle de la grande chambre sur cour qu'elle occupait à une plus petite, sur la rue. Puis elle entreprit de redécorer l'appartement. La photo de Rachel quitta la place d'honneur sur la cheminée pour la table de nuit de sa petite-fille. Mais, sur un chevalet de plexiglas, Rafika installa son propre portrait dans un cadre de soixante-quinze centimètres par trente.

Le tuteur trouva la nouvelle situation tout à fait raisonnable. Quatre ans après avoir accepté la charge de protéger Armelle, il déménagea d'une rue obscure du 14e arrondissement pour s'installer dans un appartement de la rue Auguste-Comte, exposé au midi et donnant sur le jardin du Luxembourg. Nul n'entendit parler de Kevin. Armelle ne le réclamait d'ailleurs pas, habituée qu'elle était à être une personne déplacée dans sa propre existence, comme elle était devenue une étrangère dans son propre logis. Rafika eut quelques différends avec certains de ceux et de celles qu'elle hébergeait et qui durent quitter l'appartement. Elle les remplaça par d'autres de ses relations.

En 2006, l'honnête homme de gérant mourut. En 2007, celui désigné par l'huissier honoraire eut un accident vasculaire cérébral qui le laissa en piteux état. Pour une raison inconnue, le tuteur vendit un nouvel appartement. Début 2009, Armelle fut renversée par un véhicule de la Poste dont le conducteur s'entraînait vraisemblablement en vue du Paris-Dakar. Trois mois plus tard, elle n'avait pas reparu à son domicile et Rafika, elle-même marquée par les ans et souffrant d'une sciatique chronique, répondait aux commerçants qui lui demandaient des nouvelles : « Elle rentrera bientôt, *Inch' Allah.* »

La plupart de ces événements se sont produits dans le dernier quart du XXe siècle et la première décennie du XXIe, à Paris.

Bougnats et bouddhistes

> « Quelles sont les races pour qui le travail est une nécessité organique ? Les Auvergnats ; les Écossais, ces Auvergnats des îles Britanniques ; les Gallegos, ces Auvergnats de l'Espagne ; les Poméraniens, ces Auvergnats de l'Allemagne ; les Chinois, ces Auvergnats de l'Asie. »
>
> *Le Droit à la paresse*, Paul Lafargue

Un ministre en exercice, quatre anciens ministres, trois sénateurs, cinq députés, un adjoint représentant personnel du maire de la capitale, un légat du cardinal-archevêque de Paris, un évêque, le président de la Caisse d'allocations familiales, une flopée d'élus de diverses envergures, régionaux, départementaux ou municipaux, sans compter les directeurs généraux de banques, d'entreprises de construction ou d'ingénierie : la cérémonie doit être de quelque importance. C'est une inauguration. D'une statue ? d'un monument ? d'un immeuble ? Ces notables éminents sont-ils rassemblés cité des Fleurs, dans le 17e arrondissement, pour marquer quelque nouvelle mesure destinée à protéger cet îlot de charme et de tranquillité à deux pas de la porte de Clichy ?

Que non pas : l'événement qui les rassemble est la réception de fin des travaux de mise aux normes du Foyer des jeunes travailleurs de la cité des Fleurs. De cent trente-neuf chambres équipées d'un simple lavabo, le maître d'œuvre en a tiré cent seize, chacune pourvue désormais d'une douche et de cabinets et quatre d'entre elles pouvant accueillir des personnes à mobilité réduite. Si une aussi conséquente brochette d'élus, d'excellences, de banquiers et d'entrepreneurs s'est mise en frais pour une réalisation, certes de grande qualité, mais aussi banale que modeste, c'est qu'elle a pour théâtre le foyer créé en 1953 sous le nom de « Foyer des jeunes Aveyronnais », rebaptisé depuis « Foyer des jeunes travailleurs de la cité des Fleurs ».

L'Aveyron compte à Paris à proportion du bruit qu'elle ne fait pas. Ses enfants, trois cent vingt mille, sont plus nombreux dans la capitale que dans leur département d'origine. Ils y tiennent six mille bistrots, bars et brasseries, (soit les trois quarts des établissements recensés), souvent depuis trois, voire quatre générations. La « bistrotaille » est une peuplade dans laquelle tout le monde connaît tout le monde, à plus forte raison lorsque l'on a des liens de parenté, une même provenance géographique et un long passé commun farci de rivalités, de camaraderies, de jalousies, de fâcheries, de réconciliations, d'alliances et d'intérêts croisés. Il fut un temps où Saint-Germain-des-Prés était entièrement à l'Aveyron : le café de Flore, celui des Deux Magots et Lipp, la brasserie des brasseries. Même la pharmacie du Drugstore aujourd'hui disparu leur appartenait : du comptoir à la gueule de bois, le Rouergue faisait ses affaires.

C'est devant les comptoirs de ces six mille établissements que naissent presque toutes les brèves : celles dont Jean-Marie Gourio, cueilleur méticuleux et inspiré, publie une anthologie chaque année[1], mais aussi celles qui lancent les rumeurs, ou les réputations. Les élus et ceux qui aspirent à le devenir savent que ce mode de communication n'a rien perdu de son importance à l'ère de l'audiovisuel et de l'informatique. Lorsque la fédération qui regroupe à Paris quatre-vingt-trois amicales aveyronnaises décida de faire construire un immeuble d'une centaine de logements réservés à de jeunes compatriotes montés à la capitale et susceptible d'abriter des salles pour ses réunions et ses banquets, le maire Jacques Chirac, quoique corrézien, sut veiller à ce qu'un terrain de Bercy soit réservé à ce projet dans de bonnes conditions. Quant à Bertrand Delanoë, il a vécu à Rodez la période de ses études secondaires et

1. Du genre : « Ce qui ne va pas dans la société, c'est les gens. » (Extrait des *Brèves de comptoir*, Éditions Robert Laffont.)

a conservé « au pays » des liens familiaux et des relations d'amitié qu'il entretient volontiers. Ils lui ont valu depuis longtemps une naturalisation aveyronnaise dont les échos sont régulièrement perceptibles dans la presse régionale comme dans les bulletins hebdomadaires riches en abonnés de la diaspora rouergate à Paris et dans l'Île-de-France.

Provinciaux installés à la capitale, souvent enrichis par un travail dont ils ne sont pas chiches, les Aveyronnais ont maintenu des liens serrés et vivants avec leur Rouergue d'origine. Car ils sont rouergats et non auvergnats, comme l'ignorant Parisien l'a cru lorsqu'il les a vus débarquer pour porter l'eau dans les étages ou pour frotter ses parquets. Il est vrai que la plupart d'entre eux venaient de ce qu'ils nomment « la montagne », c'est-à-dire de l'Aubrac, partagé inégalement entre l'Aveyron, rouergat, la Lozère et le Cantal, auvergnats, dont les populations ont beaucoup en commun, à commencer par l'accent et par le sens du labeur et de l'économie. Il est vrai aussi que les intéressés eux-mêmes ont consenti à se laisser nommer du nom le plus commode pour leur clientèle.

C'est leur activité économique emblématique qui a prévenu la dissolution progressive à Paris de leur sentiment d'appartenance. Lorsqu'il n'a plus été nécessaire de monter l'eau – froide ou chaude – dans les appartements, ce sont les sacs de charbon ou de bois que les prétendus

Auvergnats y ont charriés. Les boutiques sommaires dans lesquelles ils prenaient les commandes ont aussi débité du vin sur des comptoirs improvisés, souvent une planche posée sur deux tonneaux. C'est à l'enseigne « bois, vins, charbon » qu'est né l'empire de la « limonade ». Devenus patrons de bistrots, les Rouergats ont fait venir leurs cadets pour servir en salle. Avec eux et pour eux, ils ont développé un système d'épargne mutuelle parmi les plus rentables, la tontine[1].

Arrivé à Paris sans sou ni maille, le jeune Aveyronnais pouvait ainsi espérer passer de l'état de garçon de café à celui de gérant salarié d'un autre bistrot que celui de ses débuts, puis de gérant-propriétaire. L'Église catholique, plus qu'influente chez ceux que l'on a appelés les « chouans du Midi », a tôt veillé à ce que Paris ne soit pas pour ses ouailles expatriées une Babylone de perdition. Elle a créé dans la capitale une paroisse aveyronnaise et multiplié les initiatives comme le Foyer des jeunes travailleurs. Les familles restées au pays en étaient rassurées et les nouveaux arrivants y trouvaient largement leur compte, logés à moindres frais, guidés dans la jungle parisienne, invités à retrouver sur les rives de la Seine les distractions

1. Le système fonctionne de la façon suivante : chaque 1er janvier, une association est créée pour une durée de vingt années. Ainsi, cette année, l'association de la tontine 2009-2029 a été créée au 1er janvier 2009. Chaque 31 décembre, une autre association est dissoute ; vingt tontines cohabitent ainsi en permanence.

qu'ils avaient pratiquées sur la montagne, entourés de compatriotes qui les aidaient à démêler les écheveaux des difficultés quotidiennes autant qu'ils surveillaient leurs fréquentations et les poussaient vers un bon mariage[1]. Car l'association avec une épouse approuvée par la communauté des bistrots a toujours été un élément indispensable à l'entrée dans le système d'épargne et de prêt mutualisé. S'il s'agit d'une jeune fille venue du Rouergue ou rencontrée au pays, on se fera vite une opinion sur elle en interrogeant les familles, les voisins, la paroisse. Si la promise est une étrangère, il lui faudra ne pas manquer de répondant du côté de ses employeurs, de ses collègues et de son curé. La limonade sait d'expérience qu'un bistrotier ne réussit pas tout seul. Il ne suffit pas de s'abstenir de papillonner d'une aventure à une autre (ou d'y renoncer), il faut contracter alliance avec une femme susceptible de devenir une partenaire, une acolyte, une coéquipière, une associée, une complice, une alliée, un autre soi-même professionnel.

Un bistrot digne de la bistrotaille ouvre tôt et ferme tard. Il faut veiller aux approvisionnements, former le personnel, le surveiller, voir à la propreté, tenir les comptes, entretenir les meilleurs

1. André Damon, avec Guy Benhamou, *Mémoires du Petit Journal : itinéraire d'un garçon de café aveyronnais*, Bourin éditeur, 2005.

rapports avec la clientèle, lui prêter attention et lui consacrer du temps, écarter les indésirables, assurer les rapports les mieux huilés avec les autorités, obtenir d'elles l'installation ou l'extension d'une terrasse, décrocher une modification des heures d'ouverture, négocier des dérogations à l'une ou l'autre des accablantes obligations dont les administrations sont si prodigues, convaincre le fisc, faire fructifier l'argent durement gagné, songer à une éventuelle expansion ou à l'achat d'une affaire plus importante. Dans cette perspective, les grossistes sont d'une aide et d'un conseil précieux.

Ce sont eux qui fournissent les autres bistrots et qui savent donc la vérité vraie sur leur situation. Un bilan, ça se maquille, surtout si l'on soutient qu'une partie des rentrées ne figure pas dans les comptes pour cause d'achat et de vente au noir. Mais selon que le grossiste assure que le montant des achats qui lui sont faits confirme la prospérité de l'affaire ou qu'il prétend ne pas avoir assez d'informations ou ne pas pouvoir s'engager, on saura à quoi s'en tenir. Mieux encore, s'il consent à prêter lui-même une partie de la somme nécessaire à l'acquisition du nouveau bistrot. Heureux hasard, les deux principaux grossistes en limonade sont eux-mêmes de la montagne et, de surcroît, ils sont beaux-frères.

Ce n'est pas seulement parce qu'ils puisent au pays leurs réserves de main-d'œuvre que les bistrots ont entretenu avec le Rouergue une liaison ininterrompue. Beaucoup d'entre eux y ont envoyé leurs enfants en bas âge, faute de pouvoir s'en occuper autant qu'ils le nécessitaient. Ce sont les grands-parents qui les ont élevés, c'est à l'école primaire et au catéchisme du village d'origine qu'ils ont fait l'apprentissage des tables de multiplication et de la distinction entre péché véniel et péché mortel. C'est au chef-lieu de canton qu'ils ont passé leur certificat d'études et c'est l'évêque de Rodez et de Vabres qui leur a imposé les mains, le jour de leur confirmation. Ils ont joué avec les fils des adultes de la génération de leurs parents restés au pays et ils ont lorgné leurs sœurs. Selon la coutume aveyronnaise, ils ont appris à appeler leur oncle ou leur tante des grandes personnes avec qui ils n'ont aucun lien de parenté mais qui sont liées à leur famille par des amitiés, des voisinages, des associations immémoriales.

Passé l'âge du certif, certains rejoindront Paris pour y poursuivre les études dont l'instituteur a assuré leurs parents qu'ils avaient les capacités. On n'en déduira pas qu'ils sont perdus pour la limonade : son diplôme de l'ESSEC n'a pas empêché l'ancien président de la Fédération des amicales aveyronnaises et père fondateur du projet d'immeuble aveyronnais à Bercy, Maurice Solignac, de faire tourner la brasserie familiale, place de la Bastille, et d'en acquérir deux autres. Ses trois fils, tout aussi diplômés que lui, n'en ont pas moins repris son flambeau pendant de nombreuses années, avant de vendre leur affaire au premier groupe français de restauration commerciale.

Rentré ou resté à Paris, si ses parents ont trouvé le moyen de le garder avec eux (souvent en faisant venir une parente), l'enfant d'Aveyronnais de la bistrotaille n'a pas perdu le contact avec le pays : depuis le 21 juin 1904, il a pu prendre, à chaque grandes vacances le « train Bonnet » qui l'a (r)amené dans son village. Il le doit au fondateur de l'hebdomadaire de la limonade, *L'Auvergnat de Paris*, l'opiniâtre Louis Bonnet. Le chemin de fer venait à peine d'atteindre l'Auvergne que Louis Bonnet négociait avec ses propriétaires une réduction de 40 % sur le prix de l'aller-retour en groupe Paris-Aurillac et mettait en service une noria d'autobus pour conduire du chef-lieu du Cantal aux villages de l'Aubrac, de la vallée du Lot ou du causse les enfants des cafés parisiens (et, quelquefois, leurs parents, mais les adultes ne prenaient guère de vacances).

À l'occasion du centenaire de la création de *L'Auvergnat de Paris*, en 1982, un retraité des bistrots, se souvenant de ses voyages en train Bonnet, laisse timidement entendre que les rapports entre nés natifs et cousins de retour n'étaient pas spontanément suaves : « Les plus jeunes viennent "en vacances", ce qui ne se fait pas toujours sans quelques accrochages avec parents ou amis. Car imbus de leur "supériorité de Parisiens", ils s'ingénient à prendre un accent exagérément faubourien, ou parlent “pointu”. Je me souviens, et je ne suis pas le seul, d’un jeune, parti de son village natal (je ne dirai pas lequel) pour aller servir comme garçon de café à Paris, qui, à son retour, s’ingéniait à demander aux cabaretiers locaux des mélanges sophistiqués, étalant ainsi ses connaissances de spécialiste et espérant bien que, dans ce bled, on ne puisse lui donner satisfaction. C’est d’ailleurs le même qui faisait en sorte de ne plus comprendre le patois. Mais un jour, s’étant aventuré dans un pré au moment de la fenaison, il mit malencontreusement le pied sur les chevilles d’un râteau qui, se redressant brusquement, vint le heurter violemment au visage : *“Por de raster*[1] *!”* s’écrie notre pédant. Il venait d’un seul coup de retrouver à la fois son patois et ses racines[2]. »

Le train Bonnet a cessé d’offrir ses voyages à prix réduit après la Seconde Guerre mondiale (mais *L’Auvergnat de Paris* paraît toujours et appartient encore à la famille de son fondateur). Les congés payés, la nationalisation des chemins de fer, les réductions pour les familles nombreuses, l’enrichissement général (et celui particulier à la bistrotaille), la banalisation de la voiture, l’amélioration des routes, la mise en service de l’autoroute A75 (gratuite entre Clermont-Ferrand et les

1. « Cochon de râteau ! »

2. Une publication rouergate écrit : « Même si la comparaison est un peu osée, on peut dire que ce viscéral attachement au pays des ancêtres n’est pas loin de rappeler celui des tribus d’Israël pour le pays de Canaan ! »

sorties qui mènent à l'Aveyron), la création de liaisons aériennes entre Paris et Rodez et entre Paris et Aurillac, autant de nouveautés qui ont rendu obsolète l'initiative de Louis Bonnet. Mais si les moyens de cheminer ont connu des transformations radicales (et la durée du voyage avec elles), le flux de voyageurs ne s'est pas tari, loin s'en faut.

Au début du troisième millénaire, près d'un siècle et demi après la première vague d'émigration massive de la montagne vers la capitale, l'Aveyron est activement présent à Paris, tandis que Paris renvoie ses Aveyronnais chaque été au pays. Au fil des générations, comme l'écrit une universitaire bavaroise qui a consacré une étude aux Rouergats de la capitale et aux Rouergats du Rouergue[1], « les Aveyronnais ne sont pas seulement les provinciaux les plus nombreux de Paris, mais aussi les mieux organisés : ils ont un hebdomadaire (*L'Aveyronnais – l'hebdo du pays*[2]), leur propre paroisse, leurs assurances, une banque, une vingtaine de groupes folkloriques, des cours d'occitan. C'est d'ailleurs dans la capitale que la gastronomie et le

1. *Les Aveyronnais d'Aveyron et les Aveyronnais de Paris*, par Elissa Sobotta, publié par la Ludwig-Maximilians-Universität (LMU), Munich. « Le rappel des racines et l'organisation structurante de la communauté distinguent bien les Aveyronnais d'autres originaires de provinces françaises qui n'entretiennent plus qu'une légère nostalgie de leur terre d'origine. »

2. Qu'on ne confondra pas avec *L'Auvergnat de Paris* cité plus haut.

folklore traditionnels aveyronnais ont connu leur renaissance, avant d'être réexportés au pays. Il s'est donc développé à Paris une identité aveyronnaise inconnue en Aveyron ». L'aligot, mélange de pommes de terre et de tomme fraîche, qui faisait l'alimentation de base des buronniers de l'Aubrac au temps où le bétail à l'estive était gardé et soigné par quatre hommes, était considéré dans l'Aveyron des années 1960 comme un (à peine) plat de pauvre qu'il était urgent d'oublier et que l'on ne proposait dans aucun restaurant digne des trente glorieuses. L'Aveyron de Paris en a fait le plat emblématique de la montagne, si emblématique que l'auteur de ces lignes, s'il lui advient de se risquer sur l'Aubrac, risque le goudron et les plumes pour avoir écrit que la tradition de ce plat savoureux et roborativissime fut un temps abandonnée par ceux qui s'en réclament aujourd'hui le plus fort.

Depuis près d'un siècle et demi, donc, et autour de la limonade, le Rouergue et la capitale ont maintenu un flux d'échanges constant, quel que soit le nombre des enfants de bistrotiers à avoir fait des études, embrassé une autre carrière, voire tourné le dos à l'univers des comptoirs. Il est remarquable que l'histoire de la brasserie Lipp et celle de l'empire des frères Costes présentent tant de points communs. Laguiole, d'abord, d'où ils sont montés à Paris, village rendu célèbre par le maître ès fourneaux Michel Bras et par la renaissance de son artisanat du couteau.

Marcellin Cazes avait quatorze ans et une paire de sabots lorsqu'il quitta ce village de l'Aubrac au début du XXe siècle pour faire le garçon de café à la capitale. À cette époque, avec de bonnes jambes, il fallait vingt-cinq jours de marche et, disent les récits en occitan des équipées de ces jeunes hommes, « *del temps del viatge marchavan pe descauç per non usar los esclòps e los metian que'n vila* », « pendant le voyage ils marchaient pieds nus pour ne pas user leurs sabots et ils ne les mettaient que pour traverser les villes ». Lorsque Marcellin Cazes eut accumulé de quoi s'acheter une affaire, il fit l'acquisition de Lipp, brasserie fondée par un Alsacien exilé de sa province devenue allemande et réputée pour sa bière, sa choucroute, son hareng et son cervelas. L'affaire était rentable, Cazes la rendit florissante. Il fit ouvrir une seconde salle, chargea de la décoration un céramiste de génie, Émile Fargue, le père du *Piéton de Paris* dont les joyeuses compositions exotiques firent causer... et accourir le Tout-Paris. Tenant sa carte courte et ne changeant rien des spécialités qui avaient fait la renommée de son prédécesseur, maintenant les traditions et les tenues du service de brasserie, celui que ses clients appelaient le « père Cazes » (et qui transférèrent ce surnom à son fils Roger) apprit à connaître son monde et à traiter chacun avec une sollicitude personnalisée. Pas très loin de l'Assemblée nationale, des ministères, de certains théâtres comme l'Odéon ou le Vieux-Colombier et des maisons d'édition les plus prestigieuses comme les plus savantes, Lipp devint pour les protagonistes de ces activités un rendez-vous chic et bon enfant et une espèce de théâtre où voir et être vu.

Partis du même village, sans sabots, mais sans beaucoup plus de fortune, les frères Costes, trois quarts de siècle plus tard, recherchèrent la même clientèle avec les mêmes recettes. Philippe Starck leur tint lieu d'Émile Fargue et c'est sur la rive droite, redevenue fashionable après la disparition des Halles et l'édification de Beaubourg, qu'ils jetèrent les bases de leur empire. Implanté place des Innocents au début des années 1980, le café Costes fit parler de lui par son design qui, selon l'un des frères fondateurs, faisait de cet établissement « un bâti philosophique, une remise aux normes des cafés parisiens ». Pour concevoir et aménager leurs maisons successives, les Costes misèrent sur la pointe de la mode. C'est à Christian de Portzamparc qu'ils confièrent leur café Beaubourg, à Olivier Gagnère le Marly, dans la cour du musée du Louvre. Jacques Garcia réalisa leur premier hôtel (et deux de leurs brasseries), Ricardo Bofill le second. Dominique Jacob et Brendan McFarlane conçurent l'enveloppe d'aluminium futuriste du restaurant Georges, au dernier étage du Centre Pompidou. Pour décorer l'Étienne-Marcel, en plein quartier Montorgueil, là où prospèrent les nouveaux magasins de mode, c'est à deux plasticiens et deux graphistes, tous quatre fort prisés des galeristes, que les émules de Marcellin Cazes firent appel. C'est sous le signe du « faussement négligé » que ce quatuor a mélangé les fauteuils en plastique moulé, imités des créations des années 1970, les tables carrées aux couleurs kitsch, un décor mural en résine, le tout rehaussé d'un juke-box hyper-super-extra-tendance dont les deux mille titres peuvent être vus autant qu'écoutés sur un spacieux écran plasma. Dans tous ces établissements, la nouvelle bourgeoisie a trouvé ses aises et l'ancienne est venue s'y frotter de modernité. Les autres s'y rendent sans crainte de faire un faux pas : Costes est devenu une marque pour ceux qu'Alain Schifres a baptisés les « happy nombreux » et pour les fashion-victims dans un quartier qui n'en manque pas. C'est d'ailleurs le même Alain Schifres qui a le plus finement cerné les raisons du succès des établissements pareils à ceux ouverts sous la bannière de la fratrie laguiolaise : « Là où il y a du monde, les Parisiens viennent en foule. Ce qui fait le succès d'un endroit, c'est qu'il a du succès[1]. »

Pendant que se déroulait la saga des frères Costes, le bistrot de quartier connaissait des jours

1. Alain Schifres, *Les Parisiens*, J.-C Lattès, 1990 ; Le Livre de poche, 1992.

difficiles. Une part croissante de sa clientèle ne cessait depuis les années 1980 d'être boutée hors de Paris, d'abord par les désastreuses opérations de « rénovation » conduites sous Jacques Chirac, puis par l'embourgeoisement de la capitale consécutif à l'enchérissement de l'immobilier et des loyers. Le café du coin dont les classes sociales les plus diverses partageaient le zinc ou les tables à l'heure du petit noir, de l'apéro ou du casse-croûte a entamé son chemin vers les albums de souvenirs, au fur et à mesure que la diversité cessait d'être une des caractéristiques de la capitale. À l'heure du renouvellement des baux commerciaux, nombre de propriétaires ont préféré signer avec des marchands de nippes, des agences bancaires, des boutiques de téléphonie, des magasins de décoration, d'équipement de cuisines et de salles de bain, ou des chaînes de restauration rapide. On a même vu une compagnie d'assurances ayant pignon sur continents offrir une somme plus que ronde au propriétaire d'une brasserie située au bas de l'un de ses immeubles pour qu'il accepte de déguerpir car la présence de son fonds de commerce nuisait au standing des bureaux de l'assureur...

L'évolution déjà évoquée des prix de l'immobilier a produit ses effets sur la limonade comme sur les autres activités. Dix autres causes ont accéléré le mouvement : la possibilité pour les jeunes Aveyronnais d'entrer dans la vie active autrement qu'en reprenant le métier fatigant par lequel débutaient les générations précédentes ; la sollicitude du fisc pour la limonade ; l'application des trente-cinq heures, même amodiée par les conventions collectives de la profession ; l'augmentation de la surface des appartements ; les effets de la télévision, puis des nombreux équipements individuels de loisirs ; et enfin, *last but not least*, la nouvelle législation interdisant de fumer dans les lieux publics.

Comme l'aurait prédit La Palice, cette prohibition a d'abord affecté le chiffre d'affaires des bars-tabacs. De combien ? On ne sait pas : ce genre de question est destiné à ne recevoir pour toute réponse qu'une mimique affligée et un soupir prolongé. Disons que le dommage a été assez conséquent pour que le propriétaire de ce type de commerce envisage de vendre. Ou plutôt pour qu'il envisage de discuter avec un éventuel acquéreur. Aucun ne s'est présenté venant de la grande famille rouergate : nourris dans le sérail, ses membres en connaissaient les déboires. Cependant, en une dizaine d'années, nombre de bars-tabacs ont changé de mains. Combien ? On ne sait pas. Les organismes professionnels ne souhaitent pas s'cxprimcr. Inutile, donc, de se hasarder à demander à la Confédération nationale des buralistes à quel prix moyen sont mis en vente les établissements concernés. Et il serait naïf d'espérer des vendeurs une réponse – même un ordre de grandeur. Quant aux acheteurs, la discrétion est leur apanage. Elle est même l'une des composantes du cliché qui les caractérise : ils sont chinois.

Les Chinois sont aux bars-tabacs des années 2000 ce que les Maghrébins, surtout les Tunisiens, ont été dans les années 1970 aux épiceries de quartier. Les premiers d'entre eux à avoir investi dans ces affaires y ont été poussés par la concurrence de leurs compatriotes dans l'activité qu'ils exerçaient précédemment. Celui-ci tenait une petite boutique de produits alimentaires, celui-là un restaurant, ce troisième un magasin de maroquinerie, cet autre un atelier de confection. Tous quatre sont à Paris de longue date, mais l'arrivée massive de nouveaux émigrants chinois, clandestins ou en règle, a bouleversé la donne dans le commerce auquel ils s'adonnaient.

Des concurrents sont apparus, qui pouvaient compter sur une main-d'œuvre sous-payée, souvent non déclarée, presque toujours corvéable à merci, celle que composent des hommes et des femmes qui ont payé entre 16 000 et 25 000 euros pour « passer » en France et qui doivent non seulement venir en aide à ceux qu'ils ont laissés au pays, mais encore rembourser ceux qui leur ont permis de le quitter. Ayant cassé les prix de revient, les nouveaux arrivants ont poussé leurs prédécesseurs à abandonner leurs commerces. Ceux-ci, ayant analysé les causes de leur malheur et cherché à y échapper dans l'avenir, ont réalisé que les bars-tabacs représentaient une activité à l'abri de la concurrence. Le nombre de ces commerces est en effet réglementé par l'État, lequel, en outre, exige de ceux à qui il accorde son autorisation d'être de nationalité française ou de posséder un passeport d'un pays de l'Union européenne et de parler notre langue. Sans compter que l'administration dispense une formation ad hoc à ceux qu'elle a retenus et qu'elle leur réserve le monopole de la vente des produits de la Française des jeux.

Ce sont donc le plus souvent des Chinois originaires de la province du Zhejiang, au sud-est de la Chine (et, pour beaucoup d'entre eux, de la ville de Wenzhou), qui forment le noyau dur des successeurs des Rouergats. Ils sont établis en France depuis assez longtemps pour avoir acquis la nationalité et maîtriser la langue, et ceux pour qui cette naturalisation est de fraîche date apprécient cette occasion de s'intégrer davantage. Ils ne songent pas à retourner en Chine. Comme les Aveyronnais, ils sont habitués à utiliser ce système d'épargne mutuel qu'est la tontine.

Leur conquête des bars-tabacs se développe donc à belle allure. D'autant plus belle qu'ils ne mégotent pas sur leurs heures de travail : treize heures de présence journalière (7 heures-20 heures) constituent une règle courante pour les buralistes originaires du Zhejiang. Je n'en ai entendu aucun se plaindre d'un rejet de la clientèle, passé les premières semaines au cours desquelles certains habitués ont déserté leur bistrot, davantage par attachement à leurs habitudes que par sinophobie ou misosinie. Certains ont conservé le personnel – ou une partie du personnel – de leurs prédécesseurs, notamment en cuisine, car, bien entendu, aucun n'a commis l'erreur de transformer le plat du jour servi sur le comptoir en échantillon de la gastronomie orientale, même si, une fois bien installés, ils glissent dans leur carte des soupes chinoises ou des rouleaux printaniers particulièrement appréciés de leur clientèle féminine, assurent-ils en arborant ce sourire que l'Occidental aime à trouver « énigmatique ».

Lorsque ces bougnats d'Asie s'entourent d'un personnel chinois, c'est pour assurer des horaires de travail identiques aux leurs. Combien de ces serveuses ou de ces garçons de salle font partie des nouveaux arrivants taillables à merci (il en vient du Zhejiang aussi bien que du Dongbei, l'extrême nord-est du pays), voilà qui est impossible à déterminer, sauf à parler l'un des dialectes wu ou de maîtriser le mandarin (mais avec l'accent du Nord-Est). Encore n'est-il pas certain que celui qui posséderait ces deux idiomes obtiendrait une réponse un peu précise de quiconque. Disons que le buraliste chinois se comporte avec son personnel chinois ni plus mal ni mieux que le bistrot auvergnat ne le faisait avec son personnel arverno-rouergat. (Brève de comptoir : « Ceux qui savent ce que je veux dire comprendront de quoi je parle. »)

Toutefois, le personnel asiatique, lorsqu'il ne parle pas le français, représente un handicap pour son patron : le client aime faire la causette, il apprécie que l'on retienne son nom, son surnom ou son prénom, et qu'on lui dise des choses incontestables sur le temps, le tiercé, le tirage de l'Euromillion ou l'émission de la veille sur TF1. C'est pourquoi le patron et la patronne supportent une lourde charge de travail : comme c'était le cas pour les Rouergats, c'est un couple qui tient la boutique et qui doit se comprendre à demi-mot. Comme je lui demandais de comparer le bar-tabac du temps des Aveyronnais et celui des Chinois, un habitué qui appelle le patron par son prénom, Feï, prend le temps de méditer sa réponse, pour lâcher finalement avec un peu de regret : « Eux, ils sont moins bavards, ils sont plus sérieux, ils pensent trop au travail. » Puis il lance à Feï : « Vous êtes pires que les Auvergnats. » Le Chinois le prend pour un compliment.

Un grand rien bavard

Ne le répétez à personne, mais Paris Plages est une idée de droite. Enfin, de la droite. De la droite et de la province, puisqu'elle vit le jour à Saint-Quentin, en haute Picardie, au cours du premier mandat du sénateur-maire UMP, Pierre André, dont l'adjoint chargé de l'animation et du développement, considéré comme le père de ce projet, se nommait Xavier Bertrand, depuis ministre sarkozyssime, puis secrétaire général de la formation du vibrionnant président de la République[1].

1. Il semblerait que la première initiative de cette nature ait été le fait d'un artiste belge Aurore d'Utopie, qui préfère le nom d'« anartiste ». « On a fermé les égouts et ouvert les vannes des pompiers. Trente centimètres d'eau, bleue comme la Méditerranée grâce à un pigment. À chaque fois qu'un train passait au-dessus, on diffusait un bruit de bateau. » La chaussée a été peinte en jaune, les murs du tunnel en bleu, quarante tonnes de sable ont été déversées (une paille : pour Bruxelles-les-Bains, c'est mille tonnes qui recouvrent les quais). On a installé des vendeurs de crevettes, bières, glaces, gaufres et, bien sûr, crocodiles gonflables. Le bourgmestre

Dans cette région particulièrement touchée par le chômage et pour offrir à la population de peu de ressources un dépaysement et des vacances qui ne lui coûteraient rien, Xavier Bertrand pensa à transformer la très vaste place de l'Hôtel-de-Ville en un espace de jeux couvert de mille huit cents tonnes de sable fin, doté de bassins aquatiques dont les toboggans feraient pousser des cris de joie aux enfants. Les chaleurs de l'été venues, ôtant son « c » et revêtant un « g », la place devint la plage. Elle se couvrit chaque année de pataugeoires, piscinettes et de grands barbottoirs, fort appréciés de presque toutes les générations. La municipalité y installa des terrains de beach-volley et de beach-soccer, et des zones de repos pourvues de transats et de parasols. De nombreuses animations s'y succédèrent, et, si la ville compte cinquante-six mille habitants, on a dénombré en moyenne, depuis 1996, neuf fois plus d'usagers de cette attraction estivale.

Cependant, Saint-Quentin n'a pas pu garder longtemps les bénéfices de la paternité de son invention. Il n'est bon bec que de Paris et c'est dans la capitale que cette initiative a pris tout son

s'est fendu d'un discours et le curé a béni le sel qu'il a jeté dans l'eau. En un week-end, trois mille personnes sont venues se baigner. Fanfare de quarante musiciens pour l'ambiance. « Ça n'a rien à voir avec le seul côté festif des plages à Bruxelles ou à Paris, insiste Wodek, artiste et coorganisateur de l'opération. Nous, on a fait ça bien avant tout le monde, mais c'est du "social art". » *Libération*, 20 juillet 2006.

éclat médiatique et donné la mesure de sa charge de polémiques.

Opération éhontée de communication à la gloire du maire pour les uns, Paris Plages fut, pour les Verts lorsqu'ils étaient en mesure de peser sur les orientations de la majorité municipale, le signe le plus fort de leur volonté d'y réduire l'importance des automobiles. Leurs adversaires leur rétorquèrent que s'il fallait juger de cette prétention à la quantité et à la densité des embouteillages créés à Paris pendant la durée de son opération estivale vedette par la fermeture des voies sur berges, le compte ne s'y trouvait ni en matière de pollution ni du point de vue d'une circulation agréable. La presse, toujours heureuse d'une nouveauté qui puisse donner matière à des papiers pas trop fatigants à écrire et toujours prompte à pourfendre les inguérissables grognons, considéra que la viscosité du trafic ne saurait affecter que les malchanceux qui travaillent entre le 15 juillet et le 15 août. Quant à l'opinion générale, elle fit rapidement savoir son sentiment : qu'importent les bouchons, pourvu qu'on ait la fête.

Certains dialecticiens parmi les plus captieux soutinrent la première année que l'exploitation anarchique du sable à laquelle Paris prêtait la main constituait une grave faute écologique et mettait en péril les lieux d'où on l'extrayait. Leur canular ne trouva pas preneur. Les critiques de l'opposition municipale, essentiellement fondées sur des inquiétudes sur le coût de l'opération, baissèrent d'un ton devant le succès public et les trois millions de visiteurs. Puis elles se turent lorsqu'il apparut que près des trois quarts des 2 millions d'euros du budget seraient abondés par des sponsors et par la redevance prélevée sur les cafés, les restaurants et les kiosques à journaux et à souvenirs installés le long de la Seine. Ne restaient plus guère, pour critiquer l'opération, que des poignées de riverains incommodés mais dont le logis vaut si cher au mètre carré qu'ils ne pouvaient qu'être rangés parmi les ronchons égoïstes arcboutés sur leurs privilèges. D'ailleurs, le tout nouveau concept de « plage urbaine » a conquis maintes municipalités françaises et étrangères et les « communicants » du très communicateur maire de Paris eurent tôt fait de claironner à tous vents que leur patron avait semé dans le sable une graine que le monde entier s'appliquait à faire prospérer.

On disperse donc chaque année depuis 2002 deux mille tonnes de grains de roche adornés de trente-trois palmiers, adultes en pot, de quatre cent cinquante transats, de terrains de boules, de baby-foot, d'une scène proposée aux musiciens sélectionnés par une grande surface culturelle et de divers équipements au goût de l'époque. Si l'on excepte une année où le réchauffement s'attardait dans un autre hémisphère et où le thermomètre marqua en août les mêmes températures qu'en avril sous un ciel presque constamment pluvieux, touristes et habitants de l'Île-de-France ne manquent pas ce rendez-vous. Lors de l'édition de 2008, le bleu vif des parasols et des transats y répondait au jaune et au vert cru des équipements de (re)mise en forme, les buvettes étaient rayées de blanc et de bleu en vaste bandes (façon Buren ?) et les trente-cinq « agents d'ambiance », facilement identifiables grâce à leur tee-shirt estampé « Paris Plages » se tenaient prêts à fournir les renseignements les plus divers.

Le succès de l'ouverture des quais au public est d'abord assuré par les amateurs de bains de soleil. Au plus près de la Seine, les bronzeurs cherchent une place bien exposée et, pour beaucoup, qui leur permette de se ménager la plus large vue sur les bronzeuses ou sur les autres bronzeurs. Solitaires ou en groupuscules, silencieux ou pépiants, ils et elles rangent avec méthode leurs vêtements dans des sacs ou les disposent en tas pour servir d'oreillers, puis, ayant tourné autour de leur nouveau territoire, comme on le voit faire à certains animaux avant de s'allonger sur leur couche, ils prennent possession d'un morceau d'espace. Ils privatisent à leur intention une surface d'étendage, disposent leur tube de crème solaire à portée de la main, sortent quelquefois de leur besace un livre, plus souvent un baladeur ou un iPod, chaussent leur chef d'un casque et s'enfoncent dans leur univers musical dont on perçoit parfois des relents, sous forme d'échos de batterie.

Les solitaires l'emportent sur les groupuscules et il est rare que l'on s'offre une bronzette en famille. Les dragueurs optent pour la position allongée sur le ventre, qui leur permet de jeter de temps à autre des regards sur les nouvelles venues ou de se faire une idée de l'abordabilité d'une proie possible. Tous et toutes sont tenus à la décence depuis qu'en 2006 le maire a signé un arrêté rendant passible d'une amende forfaitaire de 38 euros le port du monokini et celui du string, ainsi que la tenue d'Adam et celle d'Ève. La mesure n'était pas sans motifs : certains habitués des zones consacrées de longue date au bronzage sauvage le long de la Seine, notamment au-dessous de l'Institut médico-légal (autrement dit la morgue), ont vu dans Paris Plages une occasion plus confortable de pratiquer leur mode de farniente favori dans leur absence de tenue préférée. Le peu de tissu ou le pas de tissu du tout qui faisait leur habillement de circonstance créa de l'émotion chez les familles et la police fut appelée à la rescousse.

Elle eut à connaître d'un cas épineux, dont on peut penser qu'il fournira un sujet d'examen ou de dissertation aux étudiants en droit de l'avenir : un travesti hormoné, le bassin couvert d'un slip de bain irréprochable, offrait au soleil sa poitrine généreuse et nue. Les forces de l'ordre lui intimèrent de couvrir ses seins que nul ne saurait voir.

Pour toute réponse, l'interpellé brandit sa carte d'identité sous le nez des agents. C'était sans conteste celle d'un individu de sexe masculin. Or, argumenta le présumé délinquant, aucun texte n'interdit à un être appartenant à cette moitié de l'humanité de bronzer torse nu. Un coup d'œil périscopique permettait à chacun de constater que, si tel avait dû être le cas, la flotte entière des paniers à salade de la préfecture de Police n'aurait pas suffi à embarquer les coupables. Que la poitrine du présumé contrevenant contredise en apparence sa carte d'identité n'empêchait pas ce document de faire foi. L'argument fut débattu « au car », où le mammifère mamelu ne se laissa pas conduire sans protestations sonores, puis au commissariat, où les bruits sont sans doute plus étouffés. Le dilemme juridique demeure entier.

L'arrêté du 29 juillet 2006 agita sur Internet les forums des journaux. La mesure y était en général mal jugée. Nombre d'internautes soutenaient qu'une plage sans accès à la mer ou à un lac, ou même à une piscine, ne peut renoncer à tolérer les tenues les plus légères sans perdre à jamais son caractère de plage. « Ce maire est devenu complètement incohérent, écrivait une jeune femme. Qu'on se balade les tétons à l'air en pleine rue, effectivement ça peut choquer. Mais qu'on bronze en monokini sur ce qui s'appelle une plage semble tout à fait normal. Est-ce que certains Parisiens auraient des problèmes mentaux avec la nudité pour être à ce point excités par des tétons et une paire de fesses sur une plage ? – Je ne suis pas socialiste du tout, lui répondait un nommé Jean-Claude, mais je ne peux pas m'empêcher de reconnaître que M. Delanoë, maire de Paris a souvent des prises de position humanitaires (*sic*), et prend des décisions courageuses et salutaires. Avec l'interdiction du monokini, et surtout du string, il rend à Paris et à la femme leur respect, et leur dignité. Bravo et merci, monsieur le maire. »

On voit par là que l'opération Paris Plages ne délasse pas seulement les corps, elle affûte aussi les esprits et leur permet de cultiver l'art si français de la rhétorique. Pour se dédouaner de la terrible accusation de jouer les pères la pudeur (toujours susceptible d'être associée au « néo-pétainisme »), un adjoint évoqua la nécessité de « respecter toutes les cultures », un autre s'emberlificota dans une argumentation prudhommesque et déclara : « Par mesure de sécurité, nous avons décidé d'interdire les tenues indécentes car cela aurait pu provoquer des tentations et des comportements dangereux alors que nous sommes au bord d'un fleuve. » Un troisième monta au créneau pour souligner que l'arrêté ne constituait nullement une brimade destinée aux visiteurs de Paris Plages, puisqu'il s'appliquait aussi aux parcs et jardins publics de la ville. La mesure finit par entrer dans les mœurs, quand bien même certains et certaines s'appliquent à se rentrer dans les fesses le plus possible du tissu de leur slip ou à dégager de leur soutien-gorge la meilleure part de leurs tétins.

Sur l'asphalte des voies sur berges, les familles déambulent. Des enfants passent et repassent en courant sous les brumisateurs géants, jouant à celui qui sortira le moins mouillé de cette course ou, au contraire, à celui qui aura pris la plus copieuse douche. Des adultes les imitent. Ils poussent à qui mieux mieux des petits cris d'excitation et commentent leur parcours en faisant des mines, aussi gamins que leurs gamins, ou même davantage. On regarde les joueurs de boules, ou ceux de baby-foot. On attend son tour. On grignote, on buvote. On avançote.

À certains moments, la foule devient trop dense pour que l'on progresse autrement que par saccades. Une fois, c'est au tour de ceux qui remontent le fleuve d'opérer une percée, puis c'est à ceux qui le descendent de tailler une brèche dans l'épaisseur du flot descendant. On cherche quelque chose à faire, on le fait parfois. On s'arrête pour regarder un jongleur ou écouter un conteur qui manipule des sortes de marionnettes. Pour admirer un sculpteur sur sable méticuleux et concentré, qui ambitionne d'élever le pâté à la hauteur d'un art. Attiré par les sons d'une répétition du concert de la fin d'après-midi, on pousse jusqu'à la scène installée en contrebas du quai des Célestins, face à l'extrémité est de l'île Saint-Louis.

Le matin, des cyclistes vont au pas, aux heures

où l'affluence ne leur interdit pas d'utiliser leur bicyclette. Des patineurs à roulettes tentent eux aussi leur chance ou font leurs premières tentatives, casqués et équipés de genouillères en plastique. Les commentaires vont parfois bon train, indulgents ou sarcastiques. La dame un peu forte en tenue de jogging multicolore qui s'escrime à perdre des grammes sur l'un des vélos-rameurs de l'« espace fitness » (placé sous le pont d'Arcole !) fait la joie d'une mauvaise langue, tandis que l'athlète aux abdominaux irréprochables qui exhibe son habileté à marcher sur les mains, son endurance à l'exercice des pompes ou son agilité au break dance force les messieurs moins entretenus à une station admirative ou envieuse. Chacun est pour chacun un spectacle en puissance.

La nuit amène l'affluence. Ou plutôt une autre sorte d'affluence que l'après-midi, qui connaît son pic d'encombrement entre la fin du déjeuner et l'heure du goûter. Les promeneurs du soir arrivent sur les lieux en grand appétit de s'y amuser, tandis que ceux du jour ressemblent davantage à des badauds, mis à part les bronzeurs. Les concerts gratuits programmés par la Fnac sous le label « Indétendances » ne sont proposés que le week-end. Les soirs de semaine, des musiciens amateurs ou non et qui passeront ou non le chapeau avant de remettre leurs instruments dans l'étui attirent ici des promeneurs en mal de guincher, ailleurs des flâneurs en mal de chansons.

La cohabitation semble s'organiser spontanément, chaque regroupement de musiciens et de mélomanes se tenant à une distance suffisante des autres pour éviter les trop gênantes interférences de sons, de genre ou d'ambiance. Parmi les instrumentistes comme chez les chanteurs, on repère vite des semi-professionnels, dont quelques-uns ont leurs habitudes le dimanche, le long du canal Saint-Martin. Les musiques sont consensuelles, avec des tendances fluctuant selon les modes : le jazz manouche est à l'honneur depuis quelques années, mais le dixie fait aussi recette avec son côté bon enfant, ses rythmes sans mystère et ses airs bien connus. On vient ici chercher ce que l'on connaît déjà : cela fait penser à ces restaurants où l'on pouvait apporter son « manger ».

C'est plus que manifeste lorsqu'il s'agit de chanson. Quelques scies chauffent l'ambiance : « Ouvrez la cage aux oiseaux », de Pierre Perret, ou « Les Jolies Colonies de vacances », du même. « Du rhum, des femmes et d'la bière nom de Dieu ! », de Soldat Louis, « Emmenez-moi » ou « La Bohême », de Charles Aznavour, « Un beau roman » *(une belle histoire)*, de Michel Fugain, « Aux Champs-Élysées », de Joe Dassin, « Je suis malade » ou « Les P'tites Femmes de Pigalle », de Serge Lama. Ce sont des chansons amorces : à chacune d'entre elles, une fraction croissante du public reprend une partie des couplets ou du refrain. Très vite, les chanteurs, feignant la divine surprise, invitent le public à goualer avec eux, quelquefois en lui proposant de choisir son morceau. Les plus organisés – les passeurs de chapeau – ont apporté un lot de paroles imprimées et les font circuler dans la foule. Des chorales s'improvisent et déroulent le répertoire du Paris qui n'est plus. « Paname », d'Édith Piaf, « Les Gars de Ménilmontant », de Maurice Chevalier, « Sous les ponts de Paris », « Sur les quais du vieux Paris », « L'Accordéoniste », « Pigalle », « Les Grands Boulevards », « À la Bastille » (on l'aime bien Nini peau d'chien), « Le Chat noir »... La championne toutes catégories, la tête de liste du box-office des berges, l'hymne de Paris Plages, c'est « Mon amant de Saint-Jean ». Sans doute pas la chanson la mieux faite pour être interprétée comme une marche militaire, mais qu'importe : on est content de l'aimer, on est heureux que tout le monde l'aime. Il fait nuit, on se risque à mêler sa voix à celle des autres, on s'applique à suivre le chanteur qui a un micro branché à une sono portative et s'en sert de temps à autre pour remettre tout le monde à l'unisson.

Quand est venue l'heure de se retirer, vers minuit, les applaudissements expriment tout à la fois la gratitude des choristes envers les animateurs de la chorale et l'autosatisfaction des participants.

Le lendemain matin tout sera d'une propreté impeccable dès l'ouverture, à 9 heures. La mairie ne mégote pas sur le nettoyage, les baby-foot sont alignés au cordeau, le sable assaini, décrassé, peigné, les équipements de sport en chambre passés à la lingette javellisée, les boulodromes aplanis, les transats détachés et rafraîchis. Et ainsi en ira-t-il de Paris Plages pendant les cinq semaines que durera cette opération, à laquelle chaque année la municipalité ajoute quelques attractions et dont elle étend la zone de chalandise.

C'est donc cela, Paris Plages ? Ce n'est donc que cela ? Et c'est cette gentille animation d'un terrain de jeux sans magie, d'une plage sans bain, d'une promenade en épaisses cohortes et d'embouteillages de piétons qui a fait couler de tels flots de paroles ironiques, irritées, amères, quelquefois furieuses ? C'est cette opération anodine et paternaliste qui est devenue – avec l'aménagement-dérangement de certains boulevards –, la pierre d'angle du dénigrement, des moqueries et des sarcasmes en tous genres dont a pu être l'objet la mairie écolo-socialiste ? N'y aurait-il pas dans ces diatribes comme un excès d'indignité ? La fraction pavlovienne de la droite, celle qui croit que le pouvoir lui est dû et que la simple conquête par un socialiste d'un mandat longtemps dévolu aux siens met en surchauffe, ne s'est-elle pas jetée sur cette initiative en hurlant à la démagogie, mue par le ressentiment et nourrie de mauvaise foi ? La partie cléricale de la gauche, celle qui crie au fascisme dès que l'on suggère qu'elle n'est pas ontologiquement porteuse du bien, du beau et du vrai, n'a-t-elle pas sauté sur l'occasion d'alimenter un débat sans autre enjeu que de démontrer les préjugés de ses adversaires ?

À vrai dire, ce qui étonne dans Paris Plages, c'est le décalage entre le peu de choses, le peu d'idées, le peu d'ambition de cette attraction et le tintouin que ses promoteurs font résonner autour d'elle. Ce qui est bouffon dans cette opération, c'est la logomachie qui l'entoure.

Dès ses premiers pas, le promeneur des voies sur berges sait qu'il pénètre en un lieu anobli par les intentions municipales : un panneau l'avertit que l'entreprise qui a conçu l'illumination des quais n'est pas une simple compagnie d'éclairage mais (c'est écrit en bleu enfant de Marie) une société qui, « depuis des années, a placé le développement durable au cœur de sa vision d'entreprise et propose aux villes de réduire leur consommation d'énergie et de fluidifier et sécuriser la circulation de leurs habitants ». Plus loin, un autre sponsor souligne que sa présence est « une affirmation de son engagement au cœur de la vie des Parisiennes et des Parisiens ». D'un panneau l'autre, la langue de guimauve dégouline. Seul le panneau du cimentier-sponsor s'abstient de donner dans le lyrique municipal : il fournit le sable et c'est du sable qu'il entend parler : « Avec plus de quatre cents millions de tonnes produites chaque année en France, les granulats sont un des éléments clés du béton, deuxième produit le plus consommé au monde après l'eau. Chaque Parisien consomme annuellement 2,6 tonnes de granulats à travers l'habitat et la route (la construction d'une maison en nécessite environ deux à trois cents tonnes). » Qui eût dit qu'un jour la lecture d'un tel morceau de littérature factuelle aussi prosaïque et guère moins compacte que le béton qu'elle célèbre aurait pu offrir à une âme assommée de coups de poing moralisateurs un moment de rémission et un tel sentiment de fraîcheur ?

Mais la littérature des voies sur berges n'est que de la petite bière à côté de la faconde exaltée du concepteur de la scénographie de Paris Plages, spécialiste du concept de « plage urbaine » dont l'activité, selon ses propres termes, « porte sur l'éphémère dans l'espace public, la scénographie urbaine et l'événementiel populaire ». Et de poursuivre : « Cette expérience de l'éphémère nous pousse à explorer le champ urbain et plus largement l'aménagement de l'espace public par le biais de la scénographie comme outils d'expérimentation. Ainsi, le public est invité à investir différemment son cadre de vie. Si ce rendez-vous citoyen s'avère positif, l'outil ainsi créé légitime le choix des décideurs de pérenniser ou non ces aménagements éphémères. »

Bon, voilà le « rendez-vous citoyen ». Il se faisait attendre. On ne mesurera toute sa portée que si l'on a pris conscience avec le concepteur que « cette manifestation est donc un acte politique, un enjeu social, un espace public réel : un lieu d'équité sociale unique pendant un mois, par sa dimension, sa fonction et sa dramaturgie... ».

L'équité sociale réduite à une mise en scène et assurée par trente-trois palmiers en pots et quatre cent cinquante transats, l'affirmation n'est pas incontestable, mais elle conduit à s'étonner que le signataire de ce texte n'ait pas envisagé de rebaptiser les baby-foot « terrains symboliques de la lutte des classes ». Pour mieux faire comprendre aux journalistes l'importance de l'acte politique que représente Paris Plages, l'inspirateur de ce geste majeur condescend à donner en exemple la journée (citoyenne, forcément citoyenne) d'une Parisienne ou d'un Parisien dont le quotidien est subverti par la dramaturgie conceptuelle. Voici donc le récit de ce moment sans pareil, de cette épiphanie à soi-même que son auteur intitule *Une journée de vacances dans la ville*.

« Une journée où l'emploi du temps n'est plus réglé d'avance. Une journée où seul compte le temps présent, où les activités vont au rythme de ma déambulation, où seuls me guident la course du soleil, mon émotion à découvrir les lieux enchanteurs, le plaisir de rencontres spontanées, le fil de l'eau que je remonte.

Sentir le temps dilaté qui s'écoule, un temps que désormais je traverse à mon rythme, un temps épais, en volume, apaisant parce que repérable.

À la sortie du tunnel des tuileries, l'Aube, l'heure où le ciel jaillit de l'ombre, et c'est le temps de l'Éveil, éveil du corps et des sens.

Le temps n'est pas compté, il s'étale devant moi dans une ambiance de fraîcheur. Le petit déjeuner, la douche, l'escalade, et la matinée se termine sur les plages à l'heure où les rayons du soleil chauffent les corps et font scintiller la surface de l'eau de tous leurs feux.

Déjà le milieu de la journée, au-dessus l'horloge de l'Hôtel de Ville sonne douze coups, c'est le partage de midi, le temps de la convivialité, de l'échange, autour d'une partie de pétanque et d'un pique-nique.

L'entrée dans l'après-midi se fait en douceur, c'est le temps de la Sieste. C'est aussi l'heure la plus chaude, l'heure où à l'ombre des arbres il fait bon sentir la proximité de la Seine et l'eau sur sa peau.

Seize heures, le Goûter et c'est le temps de l'enfance, de la découverte d'un monde autrement, le temps des tas de sable, des contes et des jeux fantastiques, sous le regard attendri des anciens. C'est aussi le temps des jeunes filles et des adolescents, des jeux d'adresse, des spectacles off qui créent des attroupements.

Tiens, la soirée s'annonce, le jour touche à sa fin, la guinguette s'anime, des sons de guitares qui s'accordent, ce doit être l'heure de l'Apéro. On s'installe face au soleil couchant, on admire la silhouette des édifices du front de Seine qui se détache dans la couleur tendre du crépuscule, on se prépare à la tombée de la nuit ; ce sera le temps de la fête, de la danse, de la magie et du spectacle. La scène flottante accoste et vient raconter les histoires de la nuit.

C'était le temps retrouvé des vacances, et puis demain je reviens, peut-être que je vais me moquer de la journée en commençant par le Goûter pour la finir au Petit Déjeuner, ou je la passerai tout entière à la Plage et à la Sieste, ou je chausserai mes rollers pour faire défiler la journée à contre-courant, on verra, il sera temps demain. »

Aube, Éveil, Sieste, Goûter, Apéro, Plage, tous ces substantifs ne peuvent désigner à Paris Plages que des moments ou des activités exhaussées au niveau de leur pure essence : aussi prennent-ils – que dis-je, prennent-ils ? – *exigent*-ils des majuscules. On boirait dans ce lieu rendu magique par le verbe des pastis qui ne laisseraient pas de traces d'alcool dans le sang que l'on n'en serait pas plus étonné que les invités de Cana buvant l'eau changée en vin par le Christ. On trouve d'ailleurs dans la presse des relais extasiés de ce gongorisme de sacristain finisseur de burettes : « Paris n'avait pas été autant médiatisé depuis le Mondial de foot de 1998 », a affirmé Bertrand Delanoë. « À l'Hôtel de Ville, on raconte qu'en juillet 2002, la presse ne voulait plus entendre parler d'autre chose que de la provenance des palmiers et du nombre d'heures d'attente pour obtenir un transat. À l'époque, un battement de cils de Denis Baupin (adjoint au maire chargé des transports) se baladant sur les berges fermées provoquait immanquablement un article à Bruxelles ! Même les Australiens envieux du *Sunday Telegraph* s'inclinaient devant la *"French Lesson"*. Enthousiastes pour la plupart, les médias étrangers ont présenté la première édition de Paris Plages comme une innovation positive permettant aux Parisiens qui ne partent pas en vacances de profiter du soleil, mais aussi comme une avancée dans le processus de réappropriation de la ville par les piétons. » Voilà remis à leur place et même traînés à Canossa les Australiens envieux, dont les mauvaises pensées à notre égard gâchaient notre splendide art de vivre.

L'hagiographie est un genre littéraire où règne une concurrence sans pitié. À l'exaltation du magazine *Zurban*, hélas disparu, fait écho un article de *Télérama*, où l'habitude de la génuflexion devant les autorités morales s'est heureusement conservée devant les autorités culturelles : « Sous le soleil de l'été, la Côte d'Azur n'est plus le centre du monde. (...) Paris Plages lui a volé la vedette avec des échos dithyrambiques dans la presse internationale et une affluence ! Le concept exauce l'un des fantasmes parisiens les plus insensés : déplacer la mer à Paris. En Poséidon triomphant, Bertrand Delanoë renouvelle l'expérience, transformant la rive droite de la Seine en station balnéaire éphémère, entre le tunnel des Tuileries et le pont Henri-IV, du 20 juillet au 17 août. (Le scénographe) a conçu ce pôle d'attraction sur le modèle esthétique des *Vacances de M. Hulot* : cabines pittoresques à rayures blanc-bleu, parasols, transats, sable blond. Il déclare :

"L'écriture d'une dramaturgie, s'appuyant sur une étude sociologique du site, a permis de créer de nouveaux usages. (Le) public est devenu acteur et a même commencé à créer des choses par lui-même. L'aménagement donne au visiteur la latitude de se réapproprier le site à sa manière..." »

En novembre 2005, Gérard Macé, poète proche d'Yves Bonnefoy, photographe et œnologue – homme, donc, chargé de bien des suspicions –, publiait aux éditions Le temps qu'il fait un brévissime essai intitulé *Écrivez, on vous répondra*. Homme de gauche exaspéré par « ce gigantesque décor de télévision, digne d'*Intervilles* », il avait fait part de son opinion aux nouveaux élus et s'était entendu chaque fois opposer « un argument que l'on croit imparable : le succès de l'opération ! ». Considérant qu'à une telle aulne, « le jeu télévisé le plus bête et le plus dégradant (serait) un chef-d'œuvre culturel, et le moindre sondage la manifestation de la vérité », Gérard Macé, las de n'être pas écouté et moins encore entendu lorsqu'il parlait sérieusement, décida de changer de tactique. « Au lieu de ramer à contre-courant, (...) j'ai décidé de pousser le bouchon un peu plus loin. Au retour des dernières vacances, peut-être parce que le repos m'avait mis de bonne humeur, sans doute aussi parce que je revenais d'Afrique, où la confrontation avec des problèmes qui n'ont rien d'imaginaire remet un peu les idées en place, j'ai écrit à nos édiles pour leur proposer "Paris Neige". Ayant choisi la veine satirique, le poète envoya donc aux maires de Paris et du 18e arrondissement une lettre ainsi conçue :

« Monsieur le Maire,

“Paris Plages” a pris fin, et sauf bouleversement climatique imprévu, il faut patienter un an pour voir se renouveler l’opération. En attendant, je me permets une suggestion de bon sens : lancer “Paris Neige”, sur les hauteurs de la butte Montmartre. Il suffirait de barrer quelques rues à la circulation, et de transformer le funiculaire en remonte-pente. Pour la neige, aucun problème : on dispose aujourd’hui de canons très efficaces.

En espérant que vous retiendrez ma proposition, qui n’a d’ailleurs pas grand mérite, puisqu’elle s’inspire de la politique municipale, je vous prie de croire en mes sentiments les plus attentifs. »

Signée du maire du 18e et ancien ministre de l’Intérieur Daniel Vaillant, il reçut la réponse suivante :

« Cher monsieur,

Je fais suite à votre courrier du 30 août dernier qui a retenu toute mon attention.

Plusieurs sociétés ont déjà fait part à la mairie du 18e et à la Ville de Paris de leurs projets de créer une piste de ski sur la butte Montmartre. Ces projets sont actuellement à l’étude au service des événements de la Ville de Paris mais se heurtent à des problèmes de coût. Si un projet nous est proposé à un coût raisonnable et acceptable pour les finances de la Ville, je le soutiendrai bien volontiers.

Restant à votre disposition, je vous prie de croire, cher monsieur, à l'assurance de mes salutations les meilleures. »

Quelques jours plus tard, c'était au tour de l'adjoint à la Culture de répondre dans les mêmes termes, en y ajoutant ses félicitations au poète « pour son implication citoyenne ». En marge de cette réponse figuraient ces mots manuscrits : « L'Idée avance ». Avec un I majuscule.

À l'instar de Gérard Macé, nombre de Parisiens et d'amoureux de Paris, quelle que soit leur préférence politique, se sentent méprisés, blessés, trahis par ce mini-parc d'attractions qu'est Paris Plages. C'est sans doute qu'ils attendaient, après le déplorable gouvernement municipal des équipes Chirac et Tiberi, un élan qui vise haut. La préfiguration en existait depuis 1990 : elle s'appelait « Paris Quartier d'été », et, malgré son succès et son dynamisme, l'État, la Ville et la région ne lui accordaient guère que les moyens de survivre sans se développer.

Parisiens, banlieusards et vacanciers y ont découvert sous un chapiteau dressé dans le 12e arrondissement le Cabaret citrouille, monté par Achille Tonic, des clowns foisonnant d'idées, dont les fondateurs ont depuis pris leur envol sous le nom de « Shirley et Dino ». Dans les cimetières de Montmartre, de Montparnasse et du Père-Lachaise, ils ont écouté des comédiens lire des anthologies de textes sur la mort, ses rites, ses pompes, ses vanités et ses surprises. La cour du Palais-Royal a accueilli les élèves du Centre national du cirque et le ballet de l'opéra du Rhin interprétant des chorégraphies de Maurice Béjart. Des tambours taoïstes y ont retenti et des bandonéons y ont soupiré des milongas. Les Chiliens du Teatro del silencio y ont mélangé la déclamation, la danse, les clowneries, le mime, la musique et les acrobaties. Philippe Decouflé y a donné « Cœurs croisés », un cabaret insolite et kitsch tissé de variations sur le thème du strip-tease accompagnées par un ensemble d'ukulélés moqueurs ou sensuels dirigé par Joseph Racaille, qui se définit comme un « compositeur imprévisible », et dont la patte s'est mêlée aux spectacles d'Arthur H et de Thomas Fersen, d'Alain Bashung ou d'Elli Medeiros. Karine Saporta et Mathilde Monnier y ont présenté leurs spectacles. Pour la version 2006 de Paris Quartier d'été, seul sur la pelouse du Parc des Princes, Massimo Fourlan, un ballon imaginaire au pied, a incarné Michel Platini, face à des adversaires fantômes, rejouant la demi-finale mythique de la Coupe du monde de 1982 au cours de laquelle les Allemands vinrent à bout des Français à l'issue d'un match d'une rare violence. Avec la complicité de Michel Hidalgo, après avoir distribué aux spectateurs des transistors grâce auxquels ils écoutaient les commentaires en direct du journaliste sportif Didier Roustan, Fourlan a réussi une performance dont les spectateurs sortaient émerveillés d'avoir tant compris de l'art et des prouesses de l'ancien capitaine de l'équipe de France. Dans les jardins des Tuileries, un immense arbre artificiel a abrité les acrobaties et les jongleries de la légende du singe tambourinaire, du cirque guinéen Baobab. Sur les marches de l'escalier intérieur de l'opéra Garnier, la Fanfare des Pouilles a fait éclater les musiques de la tradition populaire. À l'école élémentaire de la rue Vigée-Lebrun, dans le 15e arrondissement, on a donné une version théâtrale de la *Modeste proposition concernant les enfants des classes pauvres*, de Jonathan Swift. Dans le parc André-Citroën, l'orchestre national d'Île-de-France a joué la *Turangalîla-Symphonie* d'Olivier Messiaen. Au parc de La Villette, les spectateurs ont été invités à une *Traversée des musiques juives*. À l'hôtel Concorde Lafayette, on a pu entendre un florilège de textes sur Paris. À la station Auber, les voyageurs du RER ont écouté des musiques du monde. À Saint-Eustache, un cycle Bach, dans les Thermes de Cluny, la musique concrète de Pierre Henry. Deux danseuses ont investi la bibliothèque de la Goutte-d'Or. À travers Paris, le Théâtre national de Bucarest a donné *Médée*, *Les Troyennes* et *Électre* en grec ancien ; le Royal de Luxe, l'une des compagnies de théâtre de rue les plus connues au monde, a proposé *Soldes ! Deux spectacles pour le prix d'un* ; les Ménestrels d'Azerbaïdjan ont offert leurs légendes et leurs chants ; Merce Cunningham a construit l'un de ses *events* ; la Cuadra de Séville a représenté *Carmen*.

60 % de ces spectacles sont gratuits. Aucun ne coûte plus de 15 euros. Des conteurs se sont produits à la BNP de la rue Bergère. La cour de la Sorbonne, le lycée Louis-le-Grand, l'ancien musée des Arts africains et océaniens de la porte Dorée, le parvis de La Défense, le service des objets trouvés de la rue des Morillons, le stade de l'Évolution à Nanterre, l'École des beaux-arts se sont transformés en lieux de spectacles, car l'ambition de Paris Quartier d'été n'est pas celle d'un simple organisateur de festival, mais aussi celle de faire découvrir Paris aux Parisiens, quelquefois à deux pas de chez eux, et de proposer aux visiteurs autre chose que le Paris des cartes postales.

Renforcer une telle entreprise, à qui l'on tient toujours la dragée budgétaire haute, l'étendre aux périodes de congés scolaires durant lesquelles la ville devient léthargique, la proposer le dimanche, l'organiser avec et dans des villes de banlieue : on voit bien tout ce qu'un projet de cette tenue pourrait avoir qui contrecarre la muséification de la ville, qui contredise le tourisme de consommation dont Paris Plages et les Nuits blanches ne sont que deux avatars jumeaux, qui réchauffe les rapports entre la capitale et sa proche banlieue, qui offre à tous ceux qu'intimide une forme d'art ou une autre la chance de s'en approcher, de s'en faire une idée, de l'apprivoiser, peut-être.

Les dimensions d'un tel chantier – et les moyens qu'il nécessite – demandent une volonté, des choix et, pourquoi ne pas le dire, une conviction. Les artifices, les habiletés et les matoiseries de la communication n'en tiennent pas lieu.

Table

Cet ouvrage a été imprimé
en avril 2013 par

CPI
FIRMIN-DIDOT

27650 Mesnil-sur-l'Estrée

Dépôt légal : mai 2013
N° d'édition : 53175/01 - N° d'impression : 117800

Imprimé en France